太極推手散手集成闡秘

孫以昭 著

昌寶 敬題

人民體育出版社

图书在版编目（CIP）数据

太极推手散手集成阐秘 / 孙以昭著. -- 北京：人民体育出版社, 2024
ISBN 978-7-5009-6232-8

Ⅰ.①太… Ⅱ.①孙… Ⅲ.①太极拳—推手(武术)②太极拳—散打(武术) Ⅳ.①G852.11

中国版本图书馆CIP数据核字(2022)第218103号

*

人民体育出版社出版发行
三河兴达印务有限公司印刷
新 华 书 店 经 销

*

710×1000　16开本　10.75印张　209千字
2024年1月第1版　　2024年1月第1次印刷
印数：1—3,000册

*

ISBN 978-7-5009-6232-8
定价：52.00元

社址：北京市东城区体育馆路8号（天坛公园东门）
电话：67151482（发行部）　　邮编：100061
传真：67151483　　　　　　　邮购：67118491
网址：www.psphpress.com

（购买本社图书，如遇有缺损页可与邮购部联系）

笔者 孙以昭

作者师父 田兆麟先生

前排右为田兆麟，左为田兆麟妻子；
后排中为田颖钟（田宏），
右为田颖嘉，左为田颖锐

中为田兆麟，左二为董柏臣之父，左一为董柏臣

中为田颖嘉，右为其子田秉渊，左为其徒姚国钦

崇寿永

王成杰

田兆麟演示太极散手，1932年于杭州西湖

国术泰斗合影

自右而左，前排依次为田兆麟、郑佐平、杜心五、李景林、刘百川、孙禄堂、杨澄甫，后排依次为沈尔乔、黄文叔、褚桂亭、高振东、钱西桥、苏景由

    这一帧"国术泰斗合影"的老照片摄于1929年，收于黄文叔所著《杨家太极拳各艺要义（武术偶谈）》一书，由当时国术统一月刊社于1936年6月15日出版。

    这一帧老照片弥足珍贵，且颇具史料价值，因为照片上的人物几乎都是当时的国术大师、武林名家。如前排中坐者为李景林（字芳宸），乃武当剑派名家、第十代武当剑传人，曾任当时的直隶高级将领，于弘扬武术一脉贡献大焉。李景林左侧的杜心五乃自然门大家，尤擅轻功；他右侧乃刘百川，少林门大家；刘百川之右为孙禄堂，形意、八卦大家，孙式太极拳创始人；杨澄甫先生与田兆麟分别坐于前排最右和最左端。这帧照片是当时浙江杭州举行全国武术比赛，从而敦请武术界泰斗来杭州，才玉成了我们今天所能见到的合影纪念照。因澄甫先生与田兆麟，宜属主人，故坐于左右两端。

——摘录于《精武》2001年第一期

2018年合肥杨式太极拳协会活动合影

作者拜望杨振铎先生合影（后排中为彭涛、右为汪家林、左为杨晓龙）

收徒仪式合影

(前排左为见证人杨篴陶先生；二排自右向左依次为汪永林、朱竹、杨晓龙、柯文杰，三排依次为闫罡、彭涛、刘廷亮、史向阳、阮怀军)

2019年作者前往芜湖市看望时年104岁的黄德发先生

(前排右一为黄德发,右二为作者;

后排自右向左依次为汪永林、黄德发之子黄新华、彭涛、柯文杰)

作者看望王成杰先生

作者简介

孙以昭，生于1938年2月，安徽寿县人。1961年毕业于复旦大学历史系中国古代史专业，安徽大学中文系教授，任中国古代文学学科带头人、教研室主任等职。学术兼职有中国庄子学会副会长、中国古代散文学会常务理事、中国骈文学会理事、《诸子学刊》学术委员、《国学集刊》学术委员等。

长期进行跨学科大文化研究，发表论文近百篇。出版《三合斋论丛》《庄子散论》《京剧艺术漫论》《小卷葹诗稿定补》等6部著作。主编《简明中国文学史》《中国古代文学论集》《中国文化与古典文学》《中国古代散文研究》等。

52年来，潜心研习杨式太极拳，得田兆麟大师真传，对于太极秘传八段锦、老架、中架、推手、散手、剑、杆等均有很高的造诣，对于太极拳的一些重要功法亦有精深的研究。

生平事迹被收录于《世界名人录》《中国高等教育专家名人词典》《专业技术人才辞典》《中国人物辞海》《强国丰碑》等22部词典。

序 一

恩师孙以昭先生《太极推手散手集成阐秘》一书即将付梓，嘱我作序。这既是恩师对我这个后辈的充分信任和鼓舞鞭策，更传递着他深沉厚重的期望。

我与孙师结缘于2016年，2019年正式拜入师门。这还得益于小女。彼时在安徽大学攻读研究生的她告诉我，中文系有一位太极拳打得很好的孙以昭教授，是杨式太极拳传人。于是我从网上查到了孙师的简介，并意外得知孙师在合肥市杨式太极拳协会任名誉会长并开班授拳的信息。于是我夫妇二人慕名投师学习。

20世纪五六十年代，孙师在复旦大学读书期间，师从我国著名经史学家周予同先生。他勤奋好学，博览群书，逐渐在文史哲跨学科大文化研究领域探索出自己独特的研究方法，先后出版《三合斋论丛》《庄子散论》等6部著作。

孙师自言平生有两项爱好，一是太极拳，二是京剧。

1958年春，孙师在复旦大学读书期间拜杨式太极拳第四代传人田兆麟师祖习练传统杨式太极拳，师祖去世后又继续跟随几位师兄精研拳技。数十年来，孙师对太极拳的研究和习练痴心不改、孜孜以求，他以谦逊豁达的胸襟不断向师兄们请教，逐步掌握杨式太极拳秘传八段锦、老架、中架、推手、散手以及各种器械技法，锲而不舍，刻苦磨炼，精心钻研，练就一身纯正功夫。孙师时常感怀师祖田兆麟和几位同门师兄对自己的无私传授，下决心要为田传杨式太极拳著书立说。2010年他出版了《杨式太极真功》一书，系统介绍了杨式太极拳内功"八段锦""搓球功""六合圆转功""大字桩"，以及杨式太极拳老架、中架等诸多功法理论和训练要领。

孙师天资聪颖，多才多艺。他从小受父母影响喜爱京剧，曾得京剧小生宗师姜妙香先生的亲自指点，传授"二十字"唱法要领，对京剧小生的唱念有相当高的水准。他曾多次在省、市电台演播姜派小生名剧名段，并于2007年出版光碟《纯正姜韵——京剧名票孙以昭姜派小生唱腔选集》，又在2011年举办了"纪念小生宗师姜妙香诞辰一百二十周年——孙以昭姜派小生独唱音乐会"。

在跟随孙师习拳的几年中，我时时被他独特的人格魅力和高尚的道德情操感染。

几年来，孙师在耄耋之年，仍每周一次行进十数公里来到教学地点，悉心向弟子们授拳，风雨无阻。他时常对我们说："我不保守，我这点功夫都毫无保留地教给你们，但你们要下功夫。我相信你们以后都会超过我的。"他还自撰楹联表明心意："课徒授艺无保守意，讲学论文有争鸣心。"

在教学中，孙师一丝不苟、严谨周密。他示范拳架时规矩严整、庄重大方，讲授拳理时义理清晰、通俗易懂。与孙师推手，仿如小舟浮于波涛中，始终感受孙师雄浑深沉的内力，脱不开也逃不走，只能不由自主"随波逐流"，且越用力挣脱被击出的概率越高。在推手时，孙师常常将前辈拳家的理论揉进自己的体悟心得后再向我们阐明意义。他说："澄甫先生讲《打手歌》'掤捋挤按须认真，上下相随人难进。任他巨力来打我，牵动四两拨千斤'时说，怎么叫'认真'？就是掤不要掤到别人身上去，捋不要捋到自己身上来，也就是要保持中正，不偏不倚。"孙师说，为什么要松？因为只有松才能做到轻，一轻就灵，就能逐渐产生听劲，产生听劲后才懂得如何去化劲，怎样去发人。为此他还写下《太极打手歌》："沾定皮毛软又松，更从踵下识黏功。周身轻利随机发，犹似壮夫耍小童。"

孙师曾多次引用古语"取法乎上，仅得其中；取法乎中，仅得其下"这段话来勉励我们，要把练拳的标准定得高一些，以期取得好的成就。他要求我们平日要多琢磨、多练习、多下苦功，力争做到知行合一。他说："太极拳很好，练久了，智慧都能得到提高……我自己现在每天上午读书写文章，下午先

序 一

唱京剧，然后练拳。"更加难能可贵的是，多年来孙师将京剧和太极拳这两种截然不同的学科进行比较研究，找出其异曲同工之处。他撰写的《京剧与太极拳关系散论》一文，分析京剧艺术表现力与太极拳松沉刚柔之共性，指出二者可以互鉴的论断，可谓别出心裁、独树一帜。从中也充分体现出孙师学思并进、兼收并蓄、文采飞扬的文化艺术大家风采。

几十年来，孙师在杨式太极推手技能上勤思苦练、精磨细研。此番终于将多年的体悟心得集结成《太极推手散手集成阐秘》出版。这是继《杨式太极真功》之后的又一力作。这本书全面系统介绍了田传杨式太极推手、散手技法，阐述其核心要义。尤其在"技艺要求"上着重添加内功的训练方法，进一步弥补了如今太极推手重手法、不重内劲的欠缺，既丰富了田传杨式太极拳理论，又充分体现了孙师毫无保留地将自己毕生所学所悟奉献社会的高尚情怀。

以昭恩师曾为合肥市杨式太极拳协会练功房撰写对联："宗杨师田传承以序，琢刻砥砺期望有成。"我们有理由相信，随着太极拳申遗成功，《太极推手散手集成阐秘》一书必将对进一步弘扬中华武术文化、推动太极拳运动回归武术本源产生积极的社会影响。

弟子　闻罡　谨述

2021年1月21日

序 二

古人云"惟精惟一，允执厥中"，用这句话诠释孙师对于太极拳的挚爱和坚守是最确切不过的了。

2013年，在合肥市杨式太极拳协会（以下简称"协会"）筹备期间，参加筹备的人员不约而同想到了安徽大学老教授、太极老人，且著有《杨式太极真功》一书的孙师，后孙师应我们诚挚邀请方才出山。

2014年6月，协会成立之时孙师出任协会名誉会长。在此期间接触孙师，成为我一生幸事。

我从2015年开始跟随孙师学习杨式太极拳老架（一名"小花架"），一年多的时间里，每周一次在孙师家中学习。面对老师的言传身教、悉心教导，总是感叹自己学习尚不够认真，练功亦不够刻苦，自觉愧对老师教诲。这种感觉至今尚存。

学习的过程中，老师常常讲起当年学拳的艰苦和幸福，讲起太极往事，对田师祖的崇敬之情溢于言表。讲到兴起之时还激动地向我们演示田师祖曾亲自向老师演示的中架的起势动作，说"我的功夫可以超越，田师的功夫不可超越"。像崇寿永师伯、王成杰师伯、田颖嘉师伯、金达中师伯等很多故事我们都百听不厌。老师每每讲述至此，时而神采飞扬，时而语重心长，时而惋惜，时而激昂，带我们穿越时空体味当时的场景，领略前辈们尊师重道的虔诚。

老师2018年2月所作《十六字令·咏习练太极拳》：

拳！回首甘辛六十年。尊师教，谨记软松绵。

拳！和合阴阳道乃全。常研究，意在气之先。

拳！幸遇恩师得秘传。勤修炼，尾脊转圈难。

通过这精辟的词句，我们能深切地感受到老师对太极前辈的尊崇，对太极拳的挚爱之情，以及精深的太极修为！

老师对于古代经典也颇有造诣。老师在授课时常谆谆教诲我们，要学习古代经典。2015年一次在家中授课时，老师向我讲解《道德经》第四十一章："上士闻道，勤而行之；中士闻道，若存若亡；下士闻道，大笑之。不笑不足以为道。"他说："不同人对待经典学习的态度决定了其到达的高度。"这极大地激发了我学习《道德经》的兴趣，研学至今，受益匪浅。

跟老师学拳多年感受最深的是"中正"，尤其是老师的拳架之正。王宗岳宗师《十三势行功心解》中提到："立身须中正安舒，支撑八面。""行气如九曲珠，无微不到。"《道德经》第五章中讲："多言数穷，不如守中。"老师常说"中正安舒"是太极之本，"性命双修"是太极之魂。老师教学时常带我们打拳架，最初看不懂老师深厚的太极功力，但是能看见老师的架子一招一式都很"正"，给我们矫正拳架时也一再要求我们架子要"正"，形正才能气顺。所以跟随老师习练拳架之一招一式，都养成了认真的习惯。

老师说自己是高级票友，给我们讲解"过犹不及"时举戏曲表演的例子，说一个演员在舞台上"过火"表演而博取了大家的喝彩和掌声，并自以为"好"，实则误入歧途。

老师为人正直，古道热肠，兼有学问人的儒雅和武林人的侠义秉性，好打抱不平，喜欢直言不讳，并对于武道中人的不尊师行为敢于直面。

老师自谦自己是做学问的，并非专业拳师。也许正是博古通今的文化底蕴，成就了老师独特的太极功夫。初学时不懂老师的推手功夫，在老师手下总感觉像"壮夫戏小童"，时间长了，自身有点进步，仍感觉老师的功夫深不可测。最后引用老师2009年9月所作《太极拳赋》的最后几句以作结语：

　　博大精微兮哲理纯，理论完全兮功法深。
　　养生健体兮惠生民，御侮防身兮若有神。
　　国之宝，世之珍，千秋兮万载，共天体兮无垠！

弟子　彭涛　谨述

2021年3月1日

序 三

我起意学习太极已是不惑之年。那时候终日碌碌，常回首惶然，无所成也无所安。因尊崇太极拳阴阳相济、中正平和的理念，欣羡其动静相宜、婉若游龙的气势，加之自幼喜欢拳脚，暗自下了求学太极的决心，留心寻访太极名师。几年后，经好友张真介绍，得以拜见以昭先生。那时候先生还未曾公开授拳，也并未打算收我这个学生，只是碍于情面见一下。见面后可能觉得还有点面缘，尚聊得来，便说："我可以教你。"我问："您有什么要求？"先生说："不要半途而废。"于是让我改口称老师，当天教了六合圆转和搓球二法。

我跟老师学的是杨式太极拳早期的老架，难度颇大，尤其对我这种没基础的。老师年轻时学得快，教得也快。我天分不够，学得慢、忘得快，反复比划不得要领。老师每每仔细地讲解、示范，反复校正，不厌其烦。老师常言"学而不思则罔，思而不学则殆"，嘱咐我要做有心人，勤练还要动脑筋、多琢磨。光思不练是空想，不行；光练不思是傻练，也不行，学思结合方能进步。

国学、国术、国粹，每一项均源远流长、博大精深。老师将三者集于一身，正如他曾自称：平生只做了三件事——做学问、打太极、唱京剧。做学问是职业，后两样是业余爱好。实际上老师对这三件事都投入了极大的热情和精力，连年不辍，各有专著，见解独到，造诣深厚，达到了高标准专业水平。而且，老师将三者融会贯通，相生相长。他的书房名曰"三合斋"，真乃名实相符。

老师精通文言，善古体诗，文史哲引经据典，儒道释信手拈来。虽然因为工作繁忙，拳练得并不多，但正是"沾了文化程度高的光"，对古人拳经拳论的理解更为精准深刻，后来才逐渐成为杨式太极第五代传人中的佼佼者。老师内力充沛,"伸手就是五条"(内气贯穿五指),将太极功底运用到京剧上,唱念中气十足,调门至今仍能西皮调面唱E调,二黄调底唱升G调,广为行内外称道。老师今已耄耋,精神矍铄、功力未退。他的推手圆柔松沉,随打随发,进圈自然,让人浑然不觉又不能逃脱。

老师一向干净利落,家里四季干净整洁,出门则讲究风度,谈吐儒雅风趣,为人不落俗套。2019年春正式收了我们9人为徒,依然让叫老师,不称"师父"。与一般人不同,老师不喜酒宴饭局、上门送礼,提倡逢年过节打电话问候,嘱咐我们不要在这些方面破费、耗时,不如省下时间多多练拳。

老师曾说:"大丈夫得滴水之恩,当涌泉以报。"他对师门尊严是竭力维护的,时时不忘对师祖田兆麟公的感念之情。这些年著书授徒,不图名利,只为报师恩,以期杨式田传一脉在合肥得以延续。

几年下来,深感太极拳传承的艰难与不易。当下社会发展迅速,生活节奏快,渴求成功的人们多在透支健康,能长期坚持练拳者少,得遇明师的机缘更少。老师时有感慨:"唯有科技日新月异,学问与功夫则是一代不如一代。现在也轮到我说这话了。"这是老师的感慨,也是对我们的鞭策。

弟子　史向阳　谨述

2021年2月21日

目 录

第一章　太极推手的名称、理论与技艺要求 …………………（1）

第一节　太极推手的原名和异名 ……………………………（1）
第二节　太极推手的理论阐述 ………………………………（1）
第三节　太极推手的技艺要求 ………………………………（16）

（一）面墙化劲功 ……………………………………（16）

（二）按树发劲功 ……………………………………（16）

（三）抓坛子功 ………………………………………（16）

（四）捲棒功 …………………………………………（18）

（五）黄龙探爪功 ……………………………………（18）

（六）锁指功 …………………………………………（18）

（七）六合圆转功 ……………………………………（18）

（八）搓球功 …………………………………………（19）

（九）大字桩 …………………………………………（19）

（十）踩腿功 …………………………………………（19）

（十一）沙袋功 ………………………………………（20）

第二章　定步推手单式练习之方法 …………………………（21）

（一）单手按化推手法 ………………………………（21）

（二）双手平圆沾黏推手法 …………………………（23）

（三）双手按挒推手法 ……………………………………（24）

（四）双手单挒推手法 ……………………………………（25）

（五）双手按化推手法 ……………………………………（26）

（六）双手挒挤推手法 ……………………………………（27）

（七）双手折叠推手法 ……………………………………（28）

（八）单手立圆推手法 ……………………………………（29）

第三章　定步推手掤挒挤按四手齐全推手法 ……………（30）

第四章　活步推手掤挒挤按四手齐全推手法 ……………（33）

第五章　大挒推手法 ………………………………………（34）

　第一节　总述 ………………………………………………（34）

　第二节　固定大挒法 ………………………………………（36）

　第三节　不固定大挒法 ……………………………………（38）

第六章　乱环手法 …………………………………………（40）

第七章　太极散手对打套路之训练 ………………………（43）

　第一节　散手对打名称 ……………………………………（43）

　第二节　散手对打演示图解 ………………………………（45）

　第三节　非套路散手举例 …………………………………（89）

第八章　杨式太极推手散打的经典论述 …………………（92）

　（一）杨家经典论述 ………………………………………（92）

　（二）澄甫先生论太极拳精义 ……………………………（93）

（三）田兆麟师推手散打论述 …………………………（ 96 ）

（四）李雅轩先生推手散打论述 …………………………（110）

（五）汪永泉先生推手散打论述 …………………………（119）

（六）董英杰先生推手散打论述 …………………………（131）

（七）郑曼青先生论劲与物理 ……………………………（133）

附：笔者论太极拳的功法要领 ………………………………（139）

后记 ………………………………………………………………（157）

第一章　太极推手的名称、理论与技艺要求

第一节　太极推手的原名和异名

太极推手的原名为"打手",传为王宗岳修订的《打手歌》为:"掤捋挤按须认真,上下相随人难进。任他巨力来打我,牵动四两拨千斤。引进落空合即出,沾黏连随不丢顶。"以其包含的内容来看,似乎"打手"不仅指推手,也包括散手。杨健侯太师祖《太极歌》曰:"太极长拳独一家,无穷变化洵非夸。妙处全凭能借力,当场着意莫轻拿。掌拳肘和腕,肩腰胯膝脚,上下九节劲,节节腰中发。顺人能得势,借力不须拿。"后陈家沟陈式太极拳把推手称作"挗手"(挗,音kā,又音jiā),《说文解字注》:"挗,刮也,从手,葛声。一曰挞也。"挞,即打也。因此,"挗手"即"打手"之意。后杨式太极拳沿袭宋代"双推手"之名,始称"推手",有时又称"靠手"或"揉手",而与同门友好推手亦称"搭手"或"摩手",现通称"推手"。

第二节　太极推手的理论阐述

推手理论方面内容丰富,主要根据张三丰祖师的《太极拳经》、王宗岳的《太极拳论》和《打手歌》,尤其要研习《杨式太极拳老谱》的"四功"(即沾、黏、连、随)、"四病"(即顶、匾、丢、抗)和"四法"(即空、结、挫、揉),以及"身形腰顶""太极圈"和班侯、健侯太师祖、少侯师祖、澄甫师祖等的经典论述,以及称劲、化劲、牵引、发劲诸功法,依次援引与论析如下。

太极拳经　武当张三丰著

歌诀一

　　顺项贯顶两膀松，束胁下气把裆撑。
　　威音开劲两捶争，五趾抓地上弯弓。

　　按："五趾抓地"，应指定势与发劲时，如练拳和推手时一直五趾抓地，则小腿极为难受，大大误会了祖师原意。

歌诀二

　　举动轻灵神内敛，莫教断续一气研。
　　左宜右有虚实处，意上寓下后天还。

歌诀三

　　拿住丹田练内功，哼哈二气妙无穷。
　　动分静合屈伸就，缓应急随理贯通。

歌诀四

　　忽隐忽现进则长，一羽不加至道藏。
　　手慢手快皆非似，四两拨千运化良。

歌诀五

　　极柔极刚极虚灵，运若抽丝处处明。
　　开展紧凑乃缜密，待机而动如猫行。

歌诀六

　　掤捋挤按四方正，採挒肘靠斜角行。
　　乾坤震兑乃八卦，进退顾盼定五行。

　　注：以上系三丰祖师所著，欲令天下豪杰延年益寿，不徒作技艺之末也。

太极拳论　　王宗岳著

太极者，无极而生，动静之机，阴阳之母也。动之则分，静之则合。无过不及，随曲就伸。人刚我柔谓之走，我顺人背谓之黏。动急则急应，动缓则缓随。虽变化万端，而理为一贯。由着熟而渐悟懂劲，由懂劲而阶及神明，然非用力之久，不能豁然贯通焉。

虚领顶劲，气沉丹田，不偏不倚，忽隐忽现。左重则左虚，右重则右杳，仰之则弥高，俯之则弥深，进之则愈长，退之则愈促。一羽不能加，蝇虫不能落，人不知我，我独知人。英雄所向无敌，盖皆由此而及也。

斯技旁门甚多，虽势有区别，概不外壮欺弱、慢让快耳。有力打无力，手慢让手快，是皆先天自然之能，非关学力而有为也。察四两拨千斤之句，显非力胜；观耄耋能御众之形，快何能为。立如平准，活似车轮。偏沉则随，双重则滞。每见数年纯功不能运化者，率皆自为人制，双重之病未悟耳。欲避此病，须知阴阳。黏即是走，走即是黏。阴不离阳，阳不离阴，阴阳相济，方为懂劲。懂劲后，愈练愈精，默识揣摩，渐至从心所欲。本是舍己从人，多误舍近求远。所谓差之毫厘，谬以千里。学者不可不详辨焉。

此论句句切要，并无一字敷衍陪衬。非有夙慧，未能悟也。先师不肯妄传，非独择人，亦恐枉费工夫耳。

注：王宗岳之《太极拳论》为解《太极拳经》而作，已见于上述《太极拳经》部分，但此论在后世已脱离拳经而单独流传，为避免误会，故此仍单独列出。

十三势行功心解　　王宗岳著

以心行气，务令沉着，乃能收敛入骨；以气运身，务令顺遂，乃能便利从心。

精神能提得起，则无迟重之虞，所谓顶头悬也；意气须换得灵，乃有圆活之妙，所谓变转虚实也。

发劲须沉着松净，专主一方；立身须中正安舒，支撑八面。

行气如九曲珠，无微不到；运劲如百炼钢，何坚不摧。

形如搏兔之鹘，神如扑鼠之猫。静如山岳，动若江河。蓄劲如开弓，发劲如放箭。

曲中求直，蓄而后发。力由脊发，步随身换。收即是放，放即是收，断而复连。往复须有折叠，进退须有转换。

极柔软，然后极坚刚。能呼吸，然后能灵活。气以直养而无害，劲以曲蓄而有余。心为令，气为旗，腰为蠹。先求开展，后求紧凑，乃可臻于缜密矣。

又曰，先在心，后在身，腹松净，气敛入骨。神舒体静，刻刻在心。切记一动无有不动，一静无有不静。牵动往来气贴背，敛入脊骨。内固精神，外示安逸。迈步如猫行，运劲如抽丝。全身意在精神，不在气，在气则滞。有气者无力，无气者纯刚。气如车轮，腰似车轴。

又曰，彼不动，己不动，彼微动，己先动。似松非松，将展未展，劲断意不断。

附：杜育万述《蒋发受山西师传歌诀》

筋骨要松，皮毛要攻。
节节贯串，虚灵在中。

十三势歌　　作者待考

十三总势莫轻视，命意源头在腰隙。变转虚实须留意，气遍身躯不稍滞。
静中触动动犹静，因敌变化示神奇。势势揆心须用意，得来不觉费工夫。
刻刻留心在腰间，腹内松净气腾然。尾闾中正神贯顶，满身轻利顶头悬。
仔细留心向推求，屈伸开合听自由。入门引路须口授，功夫无息法自修。
若言体用何为准，意气君来骨肉臣。想推用意终何在，益寿延年不老春。
歌兮歌兮百册字，字字真切意无遗。若不向此推求去，枉费工夫贻叹息。

《杨式太极拳老谱》（以下简称《老谱》）之（四）"粘"（应作"沾"，而"粘"为黏的异体字）黏连随："沾者，提上拔高之谓也；黏者，留恋缱绻之谓也；连者，舍己无离之谓也；随者，彼走此应之谓也。要知人之知觉运动，非明沾黏连随不可。斯沾黏连随之功夫，亦甚细矣。"

按：此四字乃"四功"，须深入研究，正确理解："沾"，杨谱明确指出是提上拔高之义，而这也是习拳者未到火候时最难做到的。它的具体方法是，当甲乙两人推手时，甲如须用"沾"法时，甲之右腕部须搭住乙之右腕部，向右斜上方向外按，而左手掌部在乙肘部则向内带，才能将乙右臂向上拔高，火候不到很难做到。"黏"，乃是紧贴对方之手臂而移动，有如含有胶质而毫不离其面。"连"之舍己无离，固然说明与对方手臂要贴得很密，更重要的是要做到在退中含有牵引之劲，也就是要将对方之劲延长入于己之圈内以拿之的意思。"随"则是前进中含有推动之劲，乃是将己之劲延长进入对方圈内以发放攻击之意。

"四病"乃是顶、匾、丢、抗四字。《老谱》之（五）："顶者，出头之谓也；匾者，不及之谓也；丢者，离开之谓也；抗者，太过之谓也。要知于此四字之病，不明沾黏连随，断不明知觉运动也。初学对手，不可不知也，更不可不去此病。所难者，沾黏连随，而不许顶匾丢抗。是所不易矣。""四病"之四字比"四功"之四字较易理解，一般来讲，"丢"与"顶"，乃进攻时易犯之病，"匾"与"抗"，乃后退中易犯之病；深入看，此"四病"在进攻与后退中都可能犯。《老谱》之（六）"对待无病"一节阐释得极为清晰："顶、匾、丢、抗，失于对待也。所以为之病者，既失沾黏连随，何以获知觉运动？既不知己，焉能知人？所谓对待者，不以顶匾丢抗相对于人也，要以沾黏连随对待于人也。能如是，不但无对待之病，知觉运动自然得矣。可以进于懂劲之功矣。"这里明确指出了沾黏连随"四功"的重要性和顶匾丢抗"四病"失于对待的反面作用，只有在"四功"方面认真研究，才能逐渐消除"四病"，从而由"知觉运动"逐步进入"懂劲"的境界。

《老谱》之（三十三）"太极空结挫揉论"讲得过于高深玄妙，很难理解，现就管见所及，对"空结挫揉"作一简明的解说。所谓"空劲"，是指卸去对手之劲，即推手时对方用劲以双手控制住自己，必须不以顶势相对待，只要转侧腰身，即可化去对方之劲，使之落空，或是继续盘桓，有时亦可乘势按击对方。"结劲"，乃是补助他人之劲，用于对方之劲不足，有匾意，于是由己劲补之，以使双方贴住，可以继续盘桓牵动。"挫劲"，乃是逆转于内下之劲，是自身转换内缠、外缠的姿势，用以卸空对方之劲，使其不得势。"揉劲"，乃是顺转于外上之劲。它转换外缠、顺缠之姿势，以散化对方之劲，使其不得势。

《老谱》之（八）"身形腰顶"与之（九）"太极圈"，对于练拳与指导推手、散手也非常重要，须不断揣摩，潜心领悟，方能增长功力。

身形腰顶

身形腰顶岂可无，缺一何必费工夫。
腰顶穷研生不已，身形顺我自伸舒。
舍此真理终何极，十年数载亦糊涂。

太极圈

退圈容易进圈难，不离腰顶后与前。
所难中土不离位，退易进难仔细研。
此为动功非站定，倚身进退并比肩。
能如水磨摧急缓，云龙风虎象周旋。
要用天盘从此觅，久而久之出天然。

下面全文引录班侯太师祖所传之《太极拳九诀》与健侯太师祖所传之《太极拳拳理及要诀》。

杨班侯传太极拳九诀（共九篇）

一、全体大用诀

太极拳法妙无穷，掤捋挤按雀尾生。
斜走单鞭胸膛占，回身提手把着封。
海底捞月亮翅变，挑打软肋不容情。
搂膝拗步斜中找，手挥琵琶穿化精。
贴身靠近横肘上，护中反打又称雄。
进步搬拦肋下使，如封似闭护正中。
十字手法变不尽，抱虎归山採挒成。
肘底看捶护中手，退行三把倒转肱。
坠身退走扳挽劲，斜飞着法用不空。
海底针要躬身就，扇通臂上托架功。
撇身捶打闪化式，横身前进着法成。
腕中反有闭拿法，云手三进臂上攻。

高探马上拦手刺，左右分脚手要封。
转身蹬脚腹上占，进步栽捶迎面冲。
反身白蛇吐信变，採住敌手取双瞳。
右蹬脚上软肋踹，左右披身伏虎精。
上打正胸肋下用，双风贯耳着法灵。
左蹬脚踢右蹬式，回身蹬脚膝骨迎。
野马分鬃攻腋下，玉女穿梭四角封。
摇化单臂托手上，左右用法一般同。
单鞭下式顺锋入，金鸡独立占上风。
提膝上打致命处，下伤二足难留情。
十字腿法软骨断，指裆捶下靠为锋。
上步七星架手式，退步跨虎闪正中。
转身摆莲护腿进，弯弓射虎挑打胸。
如封似闭顾盼定，太极合手式完成。
全体大用意为主，体松气固神要凝。

二、十三字行功诀

1. 十三字

掤、搌、挤、按、採、挒、肘、靠，进、退、顾、盼、定。

2. 口诀

掤手两臂要圆撑，动静虚实任意攻。
搭手搌开挤掌使，敌欲还着势难逞。
按手用着似倾倒，二把採住不放松。
来势凶猛挒手用，肘靠随时任意行。
进退反侧应机走，何怕敌人艺业精。
遇敌上前迫近打，顾住三前盼七星。
敌人逼近来打我，闪开正中定横中。
太极十三字中法，精意揣摩妙更生。

三、十三字用功诀

逢手遇掤莫入盘，沾黏不离得着难。
闭掤要上採挒法，二把得实急无援。
按定四正隅方变，触手即占先上先。
掤挤二法趁机使，肘靠攻在脚跟前。
遇机得势进退走，三前七星顾盼间。
周身实力意中定，听探顺化神气关。
见实不上得攻手，何日功夫是体全。
操练不按体中用，修到终期艺难精。

四、八字诀法

三换二掤一挤按，搭手遇掤莫让先。
柔里有刚攻不破，刚中无柔不为坚。
避人攻守要採挒，力在惊弹走螺旋。
逞势进取贴身肘，肩胯膝打靠为先。

五、虚实诀

虚虚实实神会中，虚实实虚手行动。
练拳不谙虚实理，枉费功夫终无成。
虚守实发掌中窍，中实不发艺难精。
虚实自有虚实在，实实虚虚攻不空。

六、乱环双诀

（见第六章乱环手法，此不引录，以免重复。）

七、阴阳诀

太极阴阳少人修，吞吐开合问刚柔。
正隅收放任君走，动静变化何须愁。
生克二法随着用，闪进全在动中求。
轻重虚实怎的是，重里现轻勿稍留。

八、十八在诀

掤在两臂，捋在掌中，挤在手背，按在腰攻。
採在十指，挒在两肱，肘在屈使，靠在肩胸。
进在云手，退在转肱，顾在三前，盼在七星。
定在有隙，中在得横。滞在双重，通在单轻，虚在当守，实在必冲。

九、五字双诀

1. 五字经诀

披从侧方入，闪展无全空，担化对方力，搓磨试其功。
歉含力蓄使，沾黏不离宗，随进随退走，拘意莫放松。
拿闭敌血脉，扳挽顺势封，软非用拙力，掤臂要圆撑。
搂进圆活力，摧坚戳敌锋，掩护敌猛入，撮点致命攻。
坠走牵挽势，继续勿失空，挤他虚实现，摊开即成功。

2. 轻重分胜负五字诀

双重行不通，单轻反成功。单双发宜快，胜在掌握中。
在意不在力，走重不走空。重轻终何在，蓄意似猫行。
隅方得相见，千斤四两成。遇横单重守，斜角成方形。
踩定中诚位，前足夺后踵。后足从前卯，放手便成功。
趁势侧锋入，成功本无情。展转急要快，力定在腰中。
舍直取横进，得横变正冲。生克随机走，变化何为穷。
贪歉皆非是，丢舍难成名。武本无善作，含情谁知情。
情同形异理，方为武道宏。术中阴阳道，妙在五言中。
君问意何在，道成自然明。

又：太极拳五个要领原文

（1）六合劲：拧劲、钻翻、螺旋、崩砟、惊弹、抖擞。

（2）十三法：掤捋、挤按、採挒、肘靠、进退、顾盼、定（中）；正隅、虚实、收放、吞吐、刚柔、单双、重（轻）。

（3）五法：进法、退法、顾法、盼法、定法。

（4）八要：掤要撑，捋要轻，挤要横，按要攻，採要实，挒要惊，肘要冲，靠要崩。

（5）全力法：前足夺后足，后足站前踪，前后成直线，五行主力攻。打人如亲嘴，手到身要拥，左右一面站，单臂克双攻。

杨健侯传太极拳拳理及要诀（共十六篇）

一、太极拳打手论

打手者，研究懂劲也。先师曰："由着熟而渐悟懂劲，由懂劲而阶及神明。"旨在言乎！夫究宜如何始能着熟，宜如何始悟懂劲，宜如何阶及神明，此本章之所宜急急研究者也。

夫太极拳之各势既已练习，则当首先注意姿势是否正确，动作能否自然，待其既正确且自然矣，然后进而练习应用。应用既皆纯熟，斯可谓着熟矣。虽然此不过彼往我来之一势一用而已耳，若彼连用数法或因我之着而变化，斯时也，则如之何，于是乎懂劲尚焉。

夫懂劲者，因己之不利处，推及彼之不利处也。方我之欲击敌也，心中必先具一念，然后始击之也。反是彼能无此一念乎！虽智愚贤不肖异等，而其先具之一念，未尝异也。故彼念既同我念一起，真伪虚实难测异常，苟无一定之主宰，则必至于张皇失措，方恐应敌之不暇，尚何希其制胜哉！虽然，当击彼之念既起，则当存心彼我着法孰速，欲击之目的孰当，彼未击我身也，可否引其落空，或我之动作是否能动于彼先。待既击至我身也，宜如何变其力之方向，使落不及我身，或能因彼之力而使其力折回而还彼身。此等存心，究宜如何始能得之，盖因我之某处惧彼之击也，彼之某处亦惧我之击，此明显之理也。然而，避我之怕击处，击彼之怕击处，则彼欲胜岂可得也。孙子曰："知彼知己，百战不殆。"此之谓也。方此时也，可谓懂劲也矣。

懂劲后，愈练愈精，默识揣摩，渐至舍己从人，因敌变化，不思而得，从容中道，非达于神明矣乎！学者果能尽心研究之，则出奇入妙，将在于是也，是为论。

二、打手论

太极拳打手，亦名推手、靠手。得力于掤、捋、挤、按、採、挒、肘、靠八个字。而其八字所以练其身之圆活，使二人沾连黏随，周而复始，浑天球斡旋不已。将此一身练为浑圆之体，随曲就伸，无不如意，一举一动无不轻灵。敌如搏我则逆来顺应，变化无穷。故练习太极拳者至相当程度时，又须进而练习推手也。练习推手须择合宜之俦侣互相研习，始可获益。至于推手方法，分单推手、双推手、合步推手、顺步推手、定步推手、活步推手、大擺推手、缠步推手。虽然方法不同，而手法则不外乎掤、擺、挤、按、採、挒、肘、靠各法。之外也，如外取敌人，用掤、按、挤、靠、肘，败势取敌即使擺採挒，敌掤我擺，敌擺我靠，敌挤我擺，敌按我掤，化其力，或以擺之可也。

三、手脚

手要毒，眼要奸，脚踏中门裆里攒。眼有截察之精，手有拨转之能，脚有行体之功。两肘不离肋，两手不离心。乘其无备而攻之，由其不意而去之。脚起而攒，脚落而翻，不攒不翻，以寸为先。肩要催肘，肘要催手，手要催胯，胯要催膝，膝要催脚，其深察之。

四、身法

身不可前俯后仰，不可左斜右歪。往前一直而出，往后一直而落。含胸拔背，虚领顶劲，提顶吊裆，松肩沉肘。练时注意手眼身步法。

五、步法

寸步、快步、践步，不可缺也。

六、太极歌

太极长拳独一家，无穷变化洵非夸。
妙处全凭能借力，当场着意莫轻拿。
掌拳肘和腕，肩腰胯膝脚。
上下九节劲，节节腰中发。
顺人能得势，借力不须拿。

七、推手行功歌

低头直竖腰，传手定不高。使能脚根劲，含胸活胯腰。
随人多变化，遇敌似火烧。内用弹性力，方算拳中妙。

八、用功歌

轻灵活泼求懂劲，阴阳相济无滞病。
若得四两拨千斤，开合鼓荡主宰定。

九、太极八字歌

掤捋挤按须认真，上下相随人难进。
任他巨力来打我，牵动四两拨千斤。
採挒肘靠更出奇，行之不用费心思。
果能轻灵并坚硬，得其环中不支离。

十、太极拳八字解

掤劲义何解？如水负舟行。先实丹田气，次要顶头悬。
周身弹簧力，开合一定间。任尔千斤力，漂浮亦不难。
捋劲义何解？引导使之前。顺其来势力，轻灵不丢顶。
引之使延长，力尽自然空。重心自维持，莫被他人乘。
挤劲义何解？用时有两方。直接单纯意，迎合一劲中。
间接反映力，如球碰壁还。又如钱投鼓，跃跃声铿然。
按劲义何解？运用如水行。柔中已寓刚，急流势难当。
逢高则膨满，遇凹向下潜。波浪有起伏，有空必钻入。
採劲义何解？如权之引衡。任尔力巨细，权后知重轻。
轻移则四两，千斤亦可秤。若问理何在，杠杆作用存。
挒劲义何解？旋转如飞轮。投物于其上，脱然掷寻丈。
急流成旋涡，卷浪若螺纹。落叶坠其上，倏尔便沉沦。
肘劲义何解？方法计五行。阴阳分上下，虚实宜分清。
连环势莫挡，开花捶更凶。六劲融通后，用途始无穷。
靠劲义何解？其法分肩背。斜飞式用肩，肩中还有背。
一旦机可乘，轰然如捣碓。仔细维重心，失中徒无功。

十一、大小太极解

天地为一大太极，人身为一小太极。人身为太极之体，不可不练太极拳。本有之灵而重修之，良有以也。

人身如机器，久不磨而生锈，生锈而气血滞，多生流弊。故人欲锻炼身体者，必先练太极最相宜。

太极练法，以心行气，不用拙力，纯任自然。筋骨鲜折曲之苦，皮肤无磋磨之劳。不用力何能有力？盖太极练功，沉肩坠肘，气沉丹田。气能入丹田，为气总机关，由此分运四体百骸，以气周流全身，意到气至。练到此地位，其力不可限量矣！

此不用拙力，纯以神行，功效著矣！先师云："极柔软，然后极坚刚。"盖此意也！

十二、秘歌

无形无声，全体空虚。动静自然，胯脚随行。
进退如意，坐腿含胸。翻江拨海，尽性立命。

十三、约言

随人之势，借人之力，接人之劲，得人之巧。

十四、用功之志

博学——言多功夫也。
审问——听劲者也，非口问也。
慎思——听后留心制敌者也。
明辨——辨敌势而生生不已也。
笃行——如天行健。

十五、一时短打

迎面飞仙掌、顺手飞仙掌、推心掌、推面掌、横拦肘、里栓肘、穿心肘、左採手、右採手、里靠、外靠、十字靠、七星靠、贴身靠、格手倘风、双风打耳、火焰钻心、袖里一点红、十字跌、冲天炮、推肘跌、软手提炮、拗攦挏打、裹边炮、底惊高取、不遮不架、霸王开弓、朝天一炷香、玉女捧盒、掐指寻父、桓侯擂鼓、童子拜观音、里丢手、斩手、闭门铁扇子、单銮炮、前手顺前脚往里跌、冲天炮、左手顺左脚往上冲打、单鞭救主、打胳膊肚里与胳膊根。

十六、十不传

一不传外教；　　　　　二不传不知孝悌之道者；

三不传无德者；　　　　四不传收不住者；

五不传半途而废者；　　六不传得宝忘师者；

七不传无纳履之心者；　八不传好怒好愠者；

九不传外欲太多者；　　十不传匪事多端者。

又：十三势行功心得

　　轻则灵，灵则动，动则变，变则化。

少侯师祖发劲有"五字诀"："薄、顺、短、脆、远。"发劲时，劲在本身必须要透皮而出，此为"薄"；发劲，气先劲后，要周身一家上下九节无丝毫阻滞，此为"顺"；发劲之动作短小，此为"短"；发劲松快，干净利落，直指敌身，无所纠缠，此为"脆"；发劲时意念要远，此为"远"。

澄甫师祖认为手臂要如棉花裹铁，化劲要松净，放劲要干脆，将欲打人，步须偷进，放劲如摔杯，要摔就摔，要去就去，一有犹豫，不能放出人。并说：向上打，意欲将人扔到房上；向下打，意欲将人击入地中；向远打，意欲将人拍透墙壁。打人要用哼、哈、咳三劲，哼音上打，哈音下打，咳音远打。

澄甫师祖之"打人三音说"，是从心理上给对手以震慑的力量。"哼"，当为鼻音；"哈"，当为口音；"咳"，当为喉音，此亦重要诀窍。

那么推手时如何逐步学会听劲，然后再进入懂劲之境界呢？笔者以为习练者必须注意以下几点，也必然要经历以下几个阶段：

首先要使自己身手做到轻、沉、灵，中正不偏，不倚不垫。《太极拳论》云："虚领顶劲，气沉丹田，不偏不倚，忽隐忽现。"虚领顶劲，乃是指精神提得起而不迟重，然而变化才能轻灵活泼；气沉丹田，乃是指身体有沉稳之能力。再加上立身中正，这样方可与对手盘旋，才能求得沾黏连随，从而制人而不为人所制。同时，还要注意不倚不垫。不倚，就是己在人手臂之上不将己劲倚压对方；不垫，就是己手在人手臂之下不为对方垫劲。也就是说，己之手臂与对方之手臂虚灵相接，忽隐忽现，然后才能有轻灵活泼之功，从而与对方沾黏连随，从而左重则左虚，右重则右杳，才能逐步达到人不知我、我独知人之境地。健侯公常说："轻则灵，灵则动，动则变，变则化。"田师终生奉为圭皋，我辈更要认真学习，深入领悟，始终不懈。

其次，求得懂劲，还须知道如何秤劲、化劲、牵引和舍己从人。《太极拳论》指出："立如平准，活似车轮。偏沉则随，双重则滞。每见数年纯功不能运化，率皆自为人制，双重之病未悟耳。欲避此病，须知阴阳。黏即是走，走即是黏，阴不离阳，阳不离阴，阴阳相济，方为懂劲。懂劲后，愈练愈精，默识揣摩，渐至从心所欲。本是舍己从人，多误舍近求远。所谓差之毫厘，谬以千里，学者不可不详辨焉。"这里有几层意思，必须潜心领悟。一是如何秤劲。习练者首先要立如平准。亦即与人对待之时，自身须如磅秤，头顶作为天秤之准头，两臂如同左右之两盘，而两臂相系作为天秤之横木，腰作为磅秤之横木，下通尾闾则作为磅秤之气柱。如此形成神贯于顶，下通尾闾，上下一条线之状，于是才能秤对方劲之大小与轻重、浮沉，从而进入懂劲之门。二是要练化劲，即所谓"活似车轮"。因为虽有平准于身，但还要将其置于圆活的车轮之上，否则仍难用好化劲。因为人与物不同，双方都想去秤人，而不愿被人所秤。所以须以气作轮，以腰为轴，加上两臂相系，以使轮之横竖、上下、左右、前后皆能旋转自如，顺畅圆活，至此，已离真正懂劲不远矣。

最后，再谈一谈牵引与"舍己从人"的作用与具体做法。《太极拳论》指出，"偏沉则随，双重则滞"，又说"本是舍己从人，多误舍近求远"，这该怎样理解，又应如何具体操作呢？牵引为推手不可缺少之劲，而此劲之产生，则在于身体偏沉之功。无论对方来劲之大小，均须调整使之偏沉，而旋转偏沉之原动力，则在于己之身轮是否气足圆满，而转动时只须紧贴彼身微微一偏即可，如若偏重一边太过，身轮必将倾覆，怎能秤人之劲并化而发之呢？另外，关于"舍己从人"，必须注意的是，一定要做到从近不从远，从一不从二。因为从近则杠杆在我，易于得机得势，就黏定之点与之盘桓周旋，机会一到，立即发放，决不能有丝毫犹豫，则成功无疑，如从远则易失去重心，反而受制于人。

总之，太极拳既是武术内家拳中的一个重要流派，也包孕有丰富的哲理，它的核心思想就是阴阳平衡，刚柔相济，中正圆活，天人合一，内外兼修。它还有一个明显的特点，即受众面极广，适合于各类人群和不同年龄段的人们习练。如年龄不太大，得遇明师，可深入学习一些太极真功；如年龄较大，且身染一些慢性疾病之患者，也可使身心得到锻炼，从而逐渐步入健康人群。其优越之处是固不待言的。

第三节　太极推手的技艺要求

技艺要求方面亦复不少,有面墙化劲功、按树发劲功、抓坛子功、捲棒功、黄龙探爪功、锁指功、六合圆转功、搓球功、大字桩、踩腿功和沙袋功等,下面依次叙述之。

（一）面墙化劲功

此功简便易行,在家即可习练。将身体对立于两扇门之间的宽约0.6米的墙面前,两足分开,与肩同宽,先将左臂向上伸直贴于墙,接着由右往左、向下划半圆形,至身之左侧原来位置将手臂放下；然后再将右臂向上伸直贴于墙,接着由左往右、向下划半圆形,至身之右侧原来位置将手臂放下。如此反复进行,一般只需30次左右即可。练时全身放松,眼神须跟着手臂走。如能每天持之以恒地进行锻炼,半年左右即可达到很好的效果。

（二）按树发劲功

此功亦简便易行,不像下面有的功法,要耗费很大的体力,没有吃苦耐劳的精神是练不成的。习练者可在小区内找一棵不太粗的树,站在树前如推手之姿势,一般是右足在前、左足在后,站成弓步式,先是右手一紧一松地向前按树,按二三十次,再换手按；然后换步,左足在前、右足在后,如前法向前按练,半年左右即可按劲大增,非复往昔了。

（三）抓坛子功

准备两只小坛子（北方人用来舂大蒜头的）,用布缝制两个可以挂在手腕上兜坛子的结实套子（以防练功时力乏,坛子滑落摔碎）。将小坛子装入布套内。然后手腕套上布套,两手五指各抓住一个小坛子,马步下蹲,虚领顶劲,含胸拔背,三关一线,两手左右平分,与肩齐平。练此功须吃苦,每天要练一小时,一天不能停,最好天不亮时即练。如力乏,不可起立,亦不可放下坛子，只能两手抓坛用腰劲轮流由外向里转圈，略事调整。三个月后，可逐渐向坛内添装铁沙子，装满为止。坚持练一年半左右即可成功。功成后，臂力、腕力、指力大增，用五指抓住搪瓷漱口杯，一用劲即可将杯抓瘪。（图1-1～图1-3）

图1-1

图1-2 　　　　　　　　　　　　　图1-3

（四）捲棒功

准备一根一尺多长、五至六厘米直径的木棒，中凿一洞，穿上一根半身多长的麻绳，上面打结，下系一块方块。马步半蹲，由外向里，将绳捲起，然后将绳放下，再捲。初练时只需五分钟，渐久渐延长时间，半月后手指即生老茧，可用温热水浸泡。练一至两年即可。此功亦练指力与前臂之力。

（五）黄龙探爪功

此功站、坐及散步时均可练，双手有三种姿势：双手左右相对、双手向上、双手向下。练时双手半伸，气运十指，然后一节一节用劲抓拢，越慢越好，至少每次抓十八下，早晚两次，亦颇难耐，练一至两年即可。

（六）锁指功

以大、中、食三指指尖相扣，虎口呈圆形，用劲紧扣，力乏稍休息再练，早晚练之。一年后手指间夹木板，由薄而厚，均以洞穿为度。然后再换上铁板、钢板，用同法相扣，能扣陷钢板，即告成功。此功练法与少林门相同，王成杰师兄所授。

以上第三至第六种练指力与臂力之功法，以抓坛子功最难练，而以黄龙探爪功和锁指功最简便易行，虽然练成亦颇不容易，但只要坚持经常操练，指力是会大增的。习练者可根据各方面条件选择习练。

（七）六合圆转功

马步下蹲，两脚距离比肩略宽，含胸拔背，三关一线，舌抵上颚，眼神前视，双手如抱球状，左手在上，右手在下，沉肩垂肘。然后腰身向左转，转至左侧最佳位置时，则变成右手在上，左手在下。接着再往当中及向右转，转至右侧最佳位置时，则变成左手在上，右手在下，再接着向右转。如此循环往复，先向右转，再向左转，至少要练十分钟，并坚持八个月左右。此功练时要注意"六合"，即"外三合"之肩与胯合、肘与膝合、手与足合，与"内三合"之心与意合、意与气合、气与力合，还要注意动作的圆活松沉。

（八）搓球功

准备一只篮球，双手抱球，左手在上，右手在下，马步下蹲，要求同前。然后用腰劲，向左、向右、向前，上下搓球，要注意身形的正直松沉与动作的顺遂圆活。至少每次要练十分钟，须坚持八个月左右。此功练腰的柔韧劲（动作熟练后，可不用篮球，双手作抱球状练习亦可）。

（九）大字桩

两脚分开，略同肩宽，脚尖稍外撇，下蹲，含胸拔背，三关一线，舌抵上颚，眼神前视，双手分向两侧下垂，状如大字。手型有两种，一种是一指朝天，四指向地，即伸出食指，其余拇指、中指、无名指、小指松松蜷曲；另一种是四指朝天，一指向地，即食指、中指、无名指、小指伸出，拇指下垂，松松蜷曲。这两种手型可每天轮流更换。至少站二十分钟。其间两手亦可收回身旁，进行一掌上托、一掌下按的练习，以稍事休息。此功主要练腿部及两臂与手的内劲，催劲效果极好，乃金达中师兄所授。

（十）踩腿功

太极拳腿功中踩腿甚是重要，亦甚为凶猛，因其用脚心踩踏人之膝盖或迎面骨，势甚凌厉，被踩者受伤甚重。太极拳中用此腿法很多，知者固少，教者亦不愿明言，恐伤人。但习练太极拳，要使腰腿稳实有力，非练踩腿桩功不可。练法如右脚踩人，则右手在前，掌心向上，手指前伸，由内往外略旋转，变为掌心向下，作引拿，往后下沉采，左手掌向前伸出，扑击人之面部，手臂宜稍屈。同时提起右脚，以脚心往前下踩蹬。踩时身体略斜而往下略沉，双手同时前后分开，左膝略弯，重心寄于左腿。上身含胸拔背，气沉丹田，虚领顶劲，坐腰松胯。用左脚踩人，则左手作引拿往后下沉采，右手用掌扑击人之面部，左脚心同时往前下踩蹬，右膝略弯，重心寄于右腿，余均同上。此种左右踩腿，可用功练习，久练之后，除周身四肢能一致外,并使腰腿稳实皆有坐劲,内力充足。否则如欲以腿踢人,一腿未起,而一腿已浮,将何以制人,习练者切勿漠视之。(图1-4、图1-5)

图1-4　　　　　　　　　图1-5

(十一) 沙袋功

用结实的帆布制成口袋,内装细沙15千克,共4个,搭制18平方米左右、高2.8米的坚固木架,先悬挂沙袋,沙袋高与胸齐。练功者用掌拍击,不可用拳。当沙袋被击出荡回时先闪避,然后用掌拍击。一个月后再悬挂一沙袋,两个月后再加一沙袋,三四个月后再加一沙袋,练功者站于中心,用掌向前后左右之沙袋拍击。当沙袋被拍出荡回之时,宜向四方闪展腾挪,然后用掌拍击。此功以用掌为主,练至功夫纯熟时,则或掌或膝或腿,以及肩、肘、背,均可击打。早晚两次,坚持不懈。沙袋所盛之细沙亦逐渐增加,时至二年,沙袋重量增至25千克,练功者的功力大增,御众已举重若轻。此功主要练掌、肩、肘、膝的劲力和灵敏度,以及手、眼、身、法、步等。练此功所需物事,个人很难置办,笔者亦未练过,然而专业部门则完全有条件置办,至今未见有如此训练的,未免为之感叹!

第二章　定步推手单式练习之方法

练习太极拳架，目的在于强身健体，养心练气，如果进一步要学会听、化、拿、发等诸劲，非由推手入门不可。一般习练者学练推手几乎多从定步推手掤、捋、挤、按开始，而不知过去前辈学习推手，都先从单手按化推手法、双手平圆沾黏推手法、双手按捋推手法、双手单捋推手法、双手按化推手法、双手捋挤推手法、双手折叠推手法、单手立圆推手法等八种推手方法入门，而后才学定步掤捋挤按四手齐全推手法。因而基础不够扎实，功底不厚，以致四手不能圆满，从而导致欲速则不达的现象。今按田师所传，先由单式练起，待上述八种单式推手法一一练熟，然后下功夫习练定步四手，则四手既能分清，腰腿亦自能沾黏连随，且身形和顺，舒展自然，随感随应，方能练成太极拳及其基本功夫。下面将前列定步推手单式练习的八种基本方法，依次叙述如下。

（一）单手按化推手法

两人对立，甲（闻罡）着黑衣，乙（汪永林）着白衣。各将右足踏前一步，左手臂作半圆形，以左手背互相沾黏，右手则伸掌向侧后。甲用左手沾黏，先略向左，然后向右后绕一小圈，即用掌心对乙方心窝按进。乙坐腰松胯，身略往后下蹲，以腰腿劲化之。化至甲劲将尽时，以右手向右往上绕圈，用腰腿劲松松掤起，仍与对方手臂相沾黏，也先向左再向右往上绕圈，也用掌心对甲方心窝按进。这时乙变为按，甲变为化。其动作仍如上式，可循环往复进行多次。若左手按化，则左足踏前一步，用左手背互相沾黏，其余方法，亦同上式，只是按化之方向相反而已。（图2-1、图2-2）

图2-1

图2-2

（二）双手平圆沾黏推手法

两人对立，各将右足踏前一步。甲（闻罡）右手掌按于乙（汪永林）右手腕，左手掌黏附于乙手肘，双手向乙胸部按进，两腿成弓步。乙右臂以圆形之松沉劲向左侧后化，同时坐腰松胯坐腿，此时左腿实，右腿虚，重心寄于左腿。待化至甲劲将尽时，身体保持中正，向右侧转腰，以右手臂挤甲胸部，左手按甲右肘，两腿成弓步，右腿实，左腿虚，重心寄于右腿。此时甲向左侧后化，亦成半圆形，同时坐腰松胯坐腿。化至乙劲将尽时，身体中正向侧转腰，回复至原式。此为右式，左式亦同，只是手足相反而已。此式在初练时，如觉不够圆满，可先求其四角，待四角熟习后，再练圆形。若经常练习，可使腰腿渐生沾黏之劲，还有助于肾部之健康。（图2-3、图2-4）

图2-3

图2-4

（三）双手按掤推手法

两人对立，各将右足踏前一步。甲（彭涛着白衣者）右手掌按乙（刘廷亮着黑衣者）右手腕，左手按乙右肘，向乙胸前作按式。乙右手臂稍有弯曲，向左侧后化，含有掤劲，坐腰松胯坐腿。待甲劲将尽时，用腰腿劲向右往上绕圈掤起，以右手臂黏甲右腕，随转随拿，左手肱部近脉门处黏甲右臂，向右作掤式。掤之后改为按。甲则变为掤，掤后再改为按，动作如前，此为右式。左式方法亦同，只是手足方向相反而已。（图2-5、图2-6）

图2-5

图2-6

（四）双手单捋推手法

两人对立，各将右足踏前一步。甲（彭涛）左手背黏乙（刘廷亮）左手腕部，随转随拿，右手肱部黏乙左臂，向左捋乙。乙被捋至不得势时，左手黏甲左腕，右手肱部黏甲左臂，转腰绕圈，松胯坐腿，向左捋甲，转为顺势。甲被捋至不得势时，亦转腰绕圈，松胯坐腿，再捋乙如前式。两人循环不已。此乃左式。右式亦同，只是左右手相换而已。（图2-7、图2-8）

图2-7

图2-8

（五）双手按化推手法

两人对立，各将右足踏前一步。甲（杨晓龙）右手按乙（柯文杰）右手腕，左手按乙右手肘，双手向乙胸前按进，两腿成弓步。乙坐腰松胯坐腿向后化，化至甲按劲将尽时，右手用腰腿劲向右绕圈翻到甲右手腕上，左手按甲右手肘，成为乙按甲式。乙之前腿成为实步，双手向甲胸前按进。甲遂改为后化之势，前腿变为虚步，坐腰松胯坐腿，重心移于后腿，化乙按劲，化到乙劲将尽时，变为按劲。如此两人一按一化，循环往复不已，此为右式。左式与之相同，只是左右手足对换，而且化时须向左转。（图2-9、图2-10）

图2-9

图2-10

（六）双手挒挤推手法

两人对立，各将右足踏前一步。甲（杨晓龙）左手背黏乙（柯文杰）左手腕，随转随拿，右手肱部沾乙左臂，向左侧斜挒。乙被挒，顺势使左臂成半圆形，以右手掌附贴于己左脉门内关穴处，将左臂向甲胸前挤进。甲被挤至将到胸前时，即含胸拔背以化解乙之攻势，并横右手，将肱部臂骨置于乙之上髀骨中间处，使乙之臂贴身，并以左手附贴于己右脉门处，用右臂向乙胸前挤去。乙被挤，向右后略坐化，左手沾拿甲左腕，右手肱部黏甲左臂，向左斜挒。甲在被挒至势将尽时，又变为挤手。乙亦复为挤，甲再成为挒如前式，此为右步式。左步式亦相同，只是手足方向相反而已。（图2-11、图2-12）

图2-11

图2-12

（七）双手折叠推手法

此手法亦名压腕按肘沾黏推手法。两人对立，各将右足踏前一步。甲（史向阳）之右腕背部置于乙（阮怀军）右腕背上，掌心向上，并拢拇指，四指尖前伸，左手按乙右肘，向乙方胸前插进。乙被插刺，随势向左后坐腰松胯坐腿，右手用腰腿劲绕立体圆圈，翻至乙右手腕上，亦以右掌指尖向乙胸前插进，左手随亦按乙右肘。两人进退插化，可循环练习，此为右式。左式亦与之相同，只是手足绕圈方向相反而已。（图2-13、图2-14）

图2-13

图2-14

（八）单手立圆推手法

两人对立，各将右足踏前一步。甲（史向阳）以右手掌缘置于乙（阮怀军）右手腕上，用腰腿劲向后往下绕圈，切乙右手，并以右手指尖向前插乙胸腹部，此时甲左手则伸掌向侧后。乙右臂掤成半圆形，趁甲来势，坐腰松胯坐腿，以立体式半圆形向后往下朝后化之，化至右胁旁时，将右手以弧线形提上至右耳旁，即伸右臂以指插甲之头与眼部。甲则趁乙来势，坐腰松胯坐腿，将右臂弯曲，右手黏乙腕部，向后往下绕圈，再做切势，以指尖插乙胸部。二人依次循环练习，左手练法亦同，必须同时练习，如左足在前亦可。（图2-15、图2-16）

图2-15

图2-16

第三章　定步推手掤捋挤按四手齐全推手法

掤捋挤按四手齐全推手法，是太极拳的基本功夫，是先学会听劲，然后求得懂劲的必经阶段。如果说定步推手单式练习法是初级阶段，那么定步推手四手齐全推手法则是中级阶段，而活步推手四手齐全推手法、固定大捋法与不固定大捋法，当为其中高级阶段。而乱环手法与散手，已由懂劲而阶及神明了。

定步推手原先有合步、顺步之分。合步推手是两人同出一种步法，如甲出右足，乙亦出右足，而两人双手所盘旋之方向或正或反，即顺势与逆势均可。顺步推手则相反，如甲出右足，乙则出左足，若甲出左足，乙则出右足，双手所盘旋之方向仅为正势，即顺势。早先练习定步推手，多采用后者。自杨式太极拳南传后，授徒传艺之法，即改为合步推手，沿用至今。推手时对于掤、捋、挤、按四手之用法、劲点，必须一一分清，了然于胸，最好还要做到手能化能发，知其相生相克之理。还需注意的是，在掤、捋、挤、按四法外，尚有一"化"字，否则不能连贯与圆满，现叙述练法如下。

两人对立，（甲为黑衣者，乙为白衣者）各将右足向前踏出一步。甲在乙右手按己左肱时，即松腰松胯坐腿，此时即后退，然后用腰腿劲松松地将己之左肱部向上略往左绕圈掤起，此即掤式。掤之后，即生捋，甲于是乘势以左手黏执乙之左手腕，而右手肱部之近腕处则黏乙之左手臂，用腰腿劲向左绕圈，略转身往后捋乙，此即捋式。前式是甲后退，此式甲左顾。捋之后，即生挤。当乙被捋至势背时，身略转正，以右手贴于己左臂之内关穴处以挤对方。甲被挤，于是含胸拔背，随势向右化之，此即为化。此一化常为习练四正推手者所忽视，因而不甚圆满。化的方法，是甲将右手置于乙之左肘部，左手置于左腕处，向右侧化去，此即为右盼。化之后即生按，甲于是以右手置于乙右手腕上，左手置于乙之右手肘上，用腰腿劲，沉肩坠肘、含胸拔背向前按出，此为按式，即前进。反之，乙被按生掤，即变为捋，乃捋甲之右臂，甲被捋至势背时即变为挤，右手臂作半圆形，如抱物状，而以左掌贴于右手内关穴处以挤乙，乙则化而复用按前进。如此循环往复不已。如须换手，只须在己右手在内上时向上微微一提，即能换手；反之也一样，在己左手在内上时向上微微一提，也即可换手继续相推。（图3-1～图3-4）

图3-1 掤

图3-2 捋

图3-3 按化

图3-4 按

还需注意的是，在进行掤捋挤化按，前进后退左顾右盼的定步推手时，还有中定一式极为重要。所谓中定，就是在内劲将发未发之时，先要使己势稳定中正，然后方能发之。其时之状况犹如钟摆，化时如摆之左右摇动，发劲时，一定要等到它摆至中间时，方能发放。而这中间，又有当中之中间和左右之中间之分，一定要找到一直线，在恰到其时之际发劲，才能取得最佳效果。而这全在于个人之修养造诣达到何等程度。再者，掤捋挤化按之相生相克之理亦须知晓：掤之后则生捋，捋之后则生挤，挤之后再生化；反之，解按用掤，解捋用挤，解挤用化。另外，用腰腿劲与意气固然重要，有关技艺也须知道。在掤之前，须含有化之小圈，否则易生顶劲；在捋之前，一手须向前掤，使对方之劲诱使亦向前，如此双手再捋，可以借力得势，否则易丢，合不上；在挤之前，当先被捋足，然后变挤，则可使己身近靠对方，否则距离较远，不易得势借力，容易中断；在按之前，须有后化之劲，向敌略化，则对方重心易向前倾斜，即可乘势前进。否则对方可以坐腰稳步，不易按动。还有在挤与按时，身体不可前俯，前俯则易被人借力，膝亦不可过足尖，肘更不能过膝，必须保持己身中正安舒，心静神凝气沉，通体放松，周身一致。此外，眼神注视之方向亦甚重要，如掤要上视，捋要后视，挤与按须前视。至于沾黏连随与化拿发诸劲，可参阅第一章中关于"太极推手的技艺要求"一节，这里不再赘述。但是双方各将左足踏前一步式，也要经常习练。

总之，定步推手中之掤捋挤按四手，为太极拳中最基本的功夫，如能练全身形中正和顺，伸舒自如，毫无拙力，腰腿均可沾黏连随，随感随应，式式圆满，周身一致，则推手功夫已臻上乘。田师云，功夫精深，则无须采用其他手法，仅掤捋挤按四手亦足以应敌，功夫不到，则手法再多也用不上，这实在是至理名言，非有亲身体验身怀深功者不能道出。习练者应在掤捋挤按四手上苦下功夫，及至艺深时，则无须使用固定手法，八法五步，引化拿发，不拘何势何式，高打高顾，低打低应，沾黏连随，随来随化，见隙即入，甚或在断劲时，散手亦可参入，全在随机应变，见势而行而已。

第四章　活步推手掤攦挤按四手齐全推手法

在定步推手练至相当程度，身法和顺自然，拙力渐少，腰腿进退顺畅，身法渐入沾黏连随之佳境，并能随机应变，应付对手，于是进一步习练活步推手，使得周身上下一致，逐步达到动步时亦能化人发人。初练时两人盘圈，务使手足之前进后退左顾右盼中定之五步，皆能快慢均匀，合拍入榫，切不可手快足慢，手足务须一致。至于步法亦如定步推手，现均用合步。

练时甲乙两人对立，可将右足踏前半步。甲双手按乙右手之腕部与肱部，同时右足提起踏前半步，乙被按后及坐腰松胯坐腿向后化之，同时右足向后退半步，甲按势将尽后，以左足向前一步，或攻或守，再将右足上前一步，或挤或按，乙化甲之或挤或按后，右足向前踏出半步，双手按甲之腕部肱部，甲坐腰松胯坐腿，向后化之，同时左足向后退半步。此为右式，左式亦同。总之，进者为二步半，退者亦为二步半，而双方之掤攦挤化按，则全如定步推手，必须手手分清，随势运用，此乃初步练习方法，艺深者可不拘步数。至于杨家老式活步推手，其进退步法与上述不同。前步前进，后步并上，后步退者，前步亦后收，进退二步或四步、六步均可，假如甲乙双方为顺步者，则进者之第一步，当置于退者前足之外侧面，较上述之难度大，现早已废置不用。

活步推手之难度并不算大，但其重要性却不能低估，经常练习，除使手足腰腿上下一致之外，还能使气机延长，增强身心之耐力，而补定步推手之不足，且在动中增长中定之功。更为重要的是，对进圈的功夫甚有补益。《杨式太极拳老谱九·太极圈》明确指出："退圈容易进圈难，不离腰顶后与前。所难中土不离位，退易进难仔细研。此为动功非站定，倚身进退并比肩。能如水磨催急缓，云龙凤虎象周旋。要用天盘从此觅，久而久之出天然。"可见活步推手的重要性了。

第五章　大捋推手法

第一节　总述

太极拳极为重视"五步八门",五步为进步、退步、左顾、右盼、中定；八门即四正、四隅。四正亦称"四方",即掤捋挤按；四隅亦称"四角",即採挒肘靠,四隅用以补充四正手法之不足。另外,还需深入了解方圆之说,《杨家太极拳老谱二十一》有"太极正功解",论说圆方之理及两者之间的相互关系,甚为精到详尽,现引全文如下,以供学习领悟：

太极者,圆也。无论内外、上下、左右,不离于此圆也。太极者,方也。无论内外、上下、左右,不离此方也。

圆之出入,方之进退,随方就圆之往来也。方为开展,圆为紧凑。方圆规矩之至,其孰能出此以外哉。

如此得心应手,钻坚仰高,神乎其神,见隐显微,明而且明,生生不已,欲罢不能。简言之,就是说太极拳之方圆实为一体,圆中有方,方中有圆,化劲为圆,而圆中亦略有方意,发劲为方,而方中亦有圆形。拳艺练至在四正手中,能明方圆之表里精粗,则功夫已臻大成,即前引师所云,功夫到了,仅掤捋挤按四手亦足以应付对手,功夫不到,手法再多也用不上。但从全面考虑,初学者对于四正手大多易犯轻、重、浮、沉或半重、偏重之弊,要加以弥补,则非学大捋之隅手不可。练习大捋,初时似觉繁杂,然经过明师指导,加上用功苦练,等到手法、步法、身法娴熟,周身上下一致以后,则反而能增加练者的兴趣,而且大大有助于增长功力。下面将田师所授之大捋中须明白与注意的掤、捋、挤、按、採、挒、肘、靠、闪、撅等十种方法,叙述于下,以供习者学练。

棚　在对方闪己，或挒己，或按己肘，用腰腿劲以臂掤之。

挒　在对方闪己面，或按己肱部时，用腰腿劲挒其闪手之臂。

挤　在将挒时，己若不用挒或闪，可乘势变为挤。

按　在对方靠己时，己可上步双手按之，必须手法、步法、身法上下一致。

採　在挒对方时，执其手腕，以腰腿劲往下採之，採前要轻，採时要重。

挒　在採后或挒后，用腰腿劲以手背向对方之颈部斜击之。

肘　在对方挒己肘，被挒之手臂可变为肘，直击对方心窝，其势猛厉，要掌握分寸，否则易伤人。

靠　在对方挒己或採己时，可乘势以被挒或被採之手臂肩部上步靠对方之心窝，要注意距离，不可过远或太近。过远则冲撞，过近则势闭。因此，靠时须己身中正，脚步插入对方裆中，两肩平沉，用腰腿劲向前往下靠之，靠时手须朝下，眼往上望，劲即出，其劲为寸劲或分劲。

闪　在挒对方时，防其靠己，可以手掌闪其面部。

撅　在挒对方时，一手执其手腕，另一手肱部用腰腿劲撅对方被挒採之肘部，亦可随势往下撅沉其臂。

总之，无论用何式，均需符合太极拳虚灵顶劲、含胸拔背、沉肩坠肘、坐腰松胯、尾闾中正、上下一致之基本法则与要点，而用意与眼神以及双手与对方相黏尤为重要，否则意劲一断则不能感知对方之劲路。另外，己之双手必须相互照应护卫，如靠时，必须是另一手贴附于靠手之肘弯内，以防对方撅臂或闪击己之面部。又如己在发挒劲时，另一手必须拿住对方近己身之手臂，否则容易被对方击己之心窝。

大挒有两种类型，一为固定大挒法，即动作、方向皆固定的为固定大挒，另一种为不固定大挒，即可自由发挥之意。现分别说明如下。

第二节　固定大挒法

　　两人对立，甲（笔者）着灰衣，乙（朱竹）着白衣，各据两方向，始终不变，如甲为闪，乙为按，则甲始终为闪，乙则始终为按，此种固定法，便于学习，否则初学者不知所以，易于散乱。如甲乙两人对立，甲面向南，乙面向北，乙先上右步，以右拳击甲之胸部，甲则乘乙来势，以右手向上随掤随黏乙之右腕，以左肱黏乙右臂，成为掤式（图5-1），同时退左步，再退右步，此时左腿已在乙右步外侧，于是以右手拿乙之左腕，再以左手掌缘及肱部挒乙右手臂之肱部，成为挒式（图5-2）。乙在右拳击出被掤挒时，转身上左步，再横上右步插入甲之裆内，成丁字形，同时用左手附于己右肘内部，以右肩靠甲之心窝。甲被靠而未靠到时，以左手推拿乙之右手臂，同时用右手掌闪击乙之面部，形成闪式。此时之方向，为甲向西、乙向北（图5-3）。乙在被闪而尚未闪到时，身体向右转正，以右手上掤甲之右手，并黏甲之右手，向后退左步，再向后退右步，翻身以己左肱挒甲右手臂，成为挒式。甲在被掤挒时，上右步再上左步，复横上右步，插入乙裆内，成丁字形，同时用左手附于己之右肘内，以右肩靠乙之心窝。此时方向甲向南、乙向东。乙在被靠而未被靠到时，提起左足，用身法将足插入甲之裆内，同时双手按甲左手、左腕、左肱，成为按式（图5-4）。此时方向为甲向南、乙向北。甲在被按而尚未按到时，以左手上掤并在黏乙之左手腕，横退右步，再横退左步，以右肱近腕处挒乙之左手臂，成为挒式。乙被掤挒时，横上右步，再上左步，将足插入甲之裆内，成丁字形，同时用右手附于己之左肘内部，以左肩靠甲心窝。此时方向，甲向南、乙向东。甲在被靠而未靠到时，以右手推拿乙之左手臂，同时以左手闪击乙之面部。乙于被闪而未闪到时，以左手上掤并黏甲左手腕，向后退右步，再后退左步，翻身以右肱挒甲左臂，成为挒式。甲被掤挒时，上左步再上右步，再横上左步，将足插入乙裆内，成丁字形。同时用右手附于己之左肘内，以左肩靠乙心窝。此时方向，甲向西、乙向北。乙被靠而未靠到时，提起右足，用身法向将足插入甲之裆内，同时双手按甲右臂之肱与腕处。甲在被按而未被按到时，以右手上掤并黏乙右手腕，横退左步，再横退右步，以左肱挒乙右臂，成为挒式。乙被掤挒时，上左步再上右步，将足插入甲之裆内，成丁字形。同时用左手附于己之右肘内，以右肩靠甲之心窝。此时方向，甲向西、乙向北。

其余循环如上。总之，进者为三步，退者为二步；甲仅为闪，乙仅为按，靠与捋则甲乙双方均有，然或左或右。方向则甲据西与南二方，乙则据东与北二方。这是固定大捋的基本方法，习练者要想练到熟练自如，不下苦功，很难办到。

图5-1　掤式

图5-2　捋式

图5-3　闪式

图5-4　按式

第三节　不固定大捋法

此法之左右靠捋与上述相同，唯有闪与按则不固定，可由自己随机应用，方向也是如此。二人所站之东、西、南、北方向，并无一定次序，只要顺势，任何一方均可。为了与上述固定大捋法相连接，这里仍按照上述固定大捋法起势。即两人对立（杨澄甫先生与田兆麟师），甲向南、乙向北，乙先上右步，以右拳击甲，甲掤乙之右臂变为捋，乙乘势上步靠甲。甲将被靠，以右手闪乙面部，乙被闪，退步捋甲臂，甲顺势靠乙，乙则变为按。甲横向退步捋乙，乙则乘势变为靠。甲本为闪乙，因不固定用法，可变为按，随即提足插入乙之裆内，双手转而按乙之右肱。乙被按，右手上掤，并黏甲之右手腕，同时先横退左步，再横退右步，以左肱捋甲右手臂，成为捋式。甲被掤捋，上步以右肩靠乙，此时甲向南、乙向东。乙被靠，本为按，因不固定法，可变为闪，以左手推拿甲右臂，右手掌则闪甲面部。甲被闪，右手上掤并黏乙右手腕，并后退左步，再退右步，翻身以左肱捋乙右臂。乙被捋，上步以右肩靠甲，此时方向为甲向西、乙向北，仍回归原来之方向。以后如甲用按，则提起左足插入乙之裆内，双手按乙之左肱与腕。乙横退步，捋甲左臂，甲则变成左靠。此时方向，甲仍向西，乙仍向北。乙如回按，则二人方向仍复旧位。乙左闪，甲先退右步，再退左步，翻身捋乙右臂，乙则上步成为靠。此时方向，甲向南、乙向东。其余则循环仿照前法，或甲按乙回按，或甲闪乙回闪，如按闪相同，方向仍归原处。总之，被闪则后退，翻身为捋，变方向，被按则横退为捋，不变方向。至于对四方之正或隅，可随意而行（图5-5～图5-8）。必须指出并说明的是，不固定大捋法之方向，原无一定之次序，只要顺势，任何一方皆可，以上所标明之方向，仍是为了习练者便于学习而已。还须特别指出的是，习练大捋不可逾越等级而求，必须在定步推手与活步推手熟练后方可习练，因为它对习练者的身法、腰法、步法和眼神的运用要求甚高，初学者甚不易为，一旦练熟，再进入乱环与散手的研习，则太极拳之行功已逐渐臻于大成。

第五章　大捋推手法

图5-5

图5-6

图5-7

图5-8

第六章　乱环手法

乱环，是一种介于推手与散手之间的手法，它比四正、四隅推手要难。四正、四隅推手都由若干方式配套组成，有一定的规则程序，而乱环则不拘于某种方式。全身上下都是圈，以圈环的方法作为变化的基础，在手法上有高低、进退、出入、攻化之别，而圈又有大圈、小圈、立圈、斜圈以及有形圈与无形圈之分，圈内甚至还包含以大克小、以斜克正、以无形克有形的区别，而且随时都在螺旋力量的运动范围之内。因其为圆圈形，又无定势，故名"乱环"；又因为它在双方接触中，以"黏"为主，可以随感随化，随化随发。但它又极少发大劲、刚劲，通常只是点动对方重心，以使继续盘桓为依归，故又名"黏手"。另外，它还有"采浪花""烂采花""花式推手"的异名，而以"采浪花"之名，最为形象。因为这种手法更加需要含胸拔背、沉肩坠肘、腰腹松净、刚柔相济、开合有致的鼓荡混合之劲，以鼓动对方，使其倾斜颠动，难以维系自身重心。所以，乱环的技艺特点是，不主动发劲，只是以各种环状圆形和内劲来贴近和逼迫、威胁对方，亦即用意、气、劲合一的鼓荡劲来应承和制约对方。笔者中年时最喜欢看金达中师兄和田颖嘉师兄、王成杰师兄推手，特别是看金师兄与成杰师兄演练"乱环"手法，他们功力相若，四臂黏随，不丢不顶，不匾不抗，上下、前后、左右缠绕滚动，有如蝴蝶穿花、蜻蜓点水，令人目不暇接，欣羡不已。

乱环的理论渊源，盖出自《孙子》《易传》和《庄子》。《孙子兵法·势篇》："凡战者，以正合，以奇胜……纷纷纭纭，斗乱而不可乱；浑浑沌沌，形圆而不可败。"乱环也是如此，在表面上纷乱的手法中，无不具有攻防意识，不但敏感异常，随机而变，而且形成下意识，能不期然而然地应付对方，并以形圆而立于不败之地。《周易·系辞上传》有"蓍之德圆而神"之说，《庄子·齐物论》中更以围绕中心旋转的圆形转轴（"道枢"）、天轮（"天钧"）、天磨（"天倪"）来取消起点与终点的区别，取消一切对立与差别，应对一切关于是非、彼此、美丑、成毁的辩论，来表达"体圆用神"之意。这可能也对"乱环"之圆形环状有启示作用。而且环之圆形，并非专指正圆之形，而是泛指各种圆形，甚至还包括各种弧线在内，所以能因敌变化，显示神奇。

还须注意的是，练习"乱环"之环，应先从大圈着手，先大后小，然后大小结合，随意而为，无不得心应手。再者，在演练中如人手在内，则以己双手上托；反之，如己手在内，则松松掤住人之双臂，上下左右滚动黏随之，此亦异常重要。（图6-1、图6-2）

图6-1

图6-2

注：乱环手法之图像，从1998年秋笔者与武术大家蒋浩泉先生演练"乱环"之录像中提取。

下面引录班候太师祖《乱环双诀》，供习练者学习领悟。

1. 太极乱环诀

乱环术法最难通，上下随合妙无穷。
陷敌深入乱环内，四两千斤着法成。
手脚齐进横竖找，掌中乱环落不空。
欲知环中法何在，发落点对即成功。

2. 三环九转诀

太极三环九转功，环环盘在手掌中。
变化转环无定势，点发点落挤虚空。
见实不在点上用，空费功夫何日成。
七星环在腰腹主，八十一转乱环宗。

第七章　太极散手对打套路之训练

散手是太极拳中的上乘功夫之一，不练散手如何与其他门派交流研讨？更不用说比武较技了。太极散手可分为单人习练与二人习练两类。

单人习练方式甚多：或用掌，或用拳，或用腕，或用肘，或用肩，或用腰，或用胯，或用膝，或用足，所谓上下九节劲，节节皆能发人击人，而且拳架之任何一式一手，均可用功单练。

二人对打则与推手、大捋一样，一招一式，都是沾黏连随，舍己从人，内劲化发，绵绵不断，顺畅无已，全以腰腿为主，而无顶撞与硬碰之弊。太极拳原无对练套路，自杨家第二代杨健侯太师祖将全套拳架中之各式一一拆开，随每手用法，加以排列连贯，组成散手对打套路，其间连接之处，天衣无缝，且变化多端，奥妙无穷，实在是武术内的杰作，太极拳中的无上精品。如果习练者能将全套各式熟记并能准确应用，则拳艺已臻上乘，在与人推手时，更可左右逢源，出奇制胜。

需要说明的是，散手对打套路原先只有64式，董柏承师兄与黄文叔先生习练时即是如此，后澄甫师祖与老师研究，又增添了24式，成为88式，以后少数弟子学的即是88式。

第一节　散手对打名称

1. 甲上步捶
2. 乙提手上势
3. 甲上步拦捶
4. 乙搬捶
5. 甲上步左靠
6. 乙右打虎
7. 甲打左肘
8. 乙右推
9. 甲左撇身捶
10. 乙右靠
11. 甲撤步左打虎
12. 乙右撇身捶
13. 甲提手上势
14. 乙转身按

15. 甲折叠撇身捶　　　　　　16. 乙搬捶开势
17. 甲横捯手　　　　　　　　18. 乙左换步野马分鬃
19. 甲右打虎下势　　　　　　20. 乙转身撤步挒
21. 甲上步左靠　　　　　　　22. 乙转身双按
23. 甲双分蹬脚（跨虎）　　　24. 乙指裆捶
25. 甲上步採挒　　　　　　　26. 乙换步右穿梭
27. 甲左掤右撇捶　　　　　　28. 乙白鹤亮翅蹬脚
29. 甲换步左靠　　　　　　　30. 乙撤步撅臂
31. 甲转身按挒　　　　　　　32. 乙双风灌耳
33. 甲双按　　　　　　　　　34. 乙下势搬捶
35. 甲单推右臂　　　　　　　36. 乙右搓臂
37. 甲顺势按　　　　　　　　38. 乙化打右掌
39. 甲化推　　　　　　　　　40. 乙化打右肘
41. 甲换步採挒　　　　　　　42. 乙换步撅
43. 甲右打虎　　　　　　　　44. 乙转身撤步挒
45. 甲上步左靠　　　　　　　46. 乙回挤
47. 甲换步双分靠　　　　　　48. 乙换步转身左靠
49. 甲打右肘　　　　　　　　50. 乙转身左金鸡独立
51. 甲退步双採　　　　　　　52. 乙左蹬脚
53. 甲转身上步靠　　　　　　54. 乙撅左臂
55. 甲转身换步右分脚　　　　56. 乙双分右搂膝
57. 甲转身换步左分脚　　　　58. 乙双分左搂膝
59. 甲採手右靠　　　　　　　60. 乙回右靠
61. 甲上步左揽雀尾　　　　　62. 乙右云手
63. 甲上步右揽雀尾　　　　　64. 乙左云手
65. 甲双分掤　　　　　　　　66. 乙侧身撇身捶
67. 甲上步高探马下蹬脚　　　68. 乙白鹤亮翅（上闪下套）
69. 甲转身摆莲　　　　　　　70. 乙左斜飞势
71. 甲刁手蛇身下势　　　　　72. 乙右斜飞势
73. 甲左打虎　　　　　　　　74. 乙转身撇身捶
75. 甲倒撵猴（一）　　　　　76. 乙上步左闪
77. 甲倒撵猴（二）　　　　　78. 乙右闪
79. 甲倒撵猴（三）（扑面）　80. 乙上步七星

81. 甲海底针　　　　　　82. 乙扇通背

83. 甲手挥琵琶　　　　　84. 乙弯弓射虎

85. 甲转身单鞭　　　　　86. 乙上步肘底捶

87. 甲上步十字手穿掌　　88. 乙抱虎归山

第二节　散手对打演示图解

穿黑衣演示者甲为田颖嘉师兄之长子田秉渊，穿白衣演示者姚国钦为田颖嘉师兄之高足。所补拍之2、5、6、8、9、16、18、33、34、35、36、37、38、39、40、44、54、65、66、67、68、74、77、82、83诸式，由朱竹（甲）、彭涛（乙）演示。甲与乙之左右方位本应不变，因图像清晰之需要，有时改变方位拍摄，望读者察之。

起势

甲乙二人对立，距离二步，两足略齐，各自顶悬身正，含胸拔背，轻松站定，目注对方。

1. 甲上步捶

甲先上左步，复上右步，以虎口朝上之立拳击乙心窝部，同时松腰胯成如弓似马之三体式，眼神前视。（图7-1）

图7-1

2. 乙提手上势

乙在甲攻势时，先退左步，同时微侧身偏左，再将右足缩后半步，足尖点地，足跟提起，同时右手随腰腿之旋转势，向左黏抄于甲之右肱外部，往上提起使甲劲落空，且可掤击右臂。（图7-2）

图7-2

3. 甲上步拦捶

甲乘乙向上提掤之势，先上左步，再上右步，同时左手内抄乙之右肱，往左上拦开，同时以右拳击乙之心窝部。（图7-3）

图7-3

4. 乙搬捶

乙乘甲拳将发劲时，略缩回右足，将腰往左后偏化，同时左手执甲之右腕，右手则略向左往内下沉，随即变成拳随势向前还击甲胸腹部，松腰松胯成右弓步势。（图7-4）

图7-4

5. 甲上步左靠

甲在乙拳将发未到时，腰腿略往后化，同时右手往后抽出，右足提起，略向后落，上左步置于乙之右腿后，左手随势上托乙肘，向上往右，使乙处于背势，再蹲身以左肩靠乙之右腋部，使之失重。（图7-5）

图7-5

6. 乙右打虎

乙乘甲靠劲将到时，即转腰提起右足，撤至甲左腿后，同时左手执甲之左臂，往左下採沉，以右拳击甲之背部。（图7-6）

图7-6

7. 甲打左肘

甲在乙拳将至时，转腰，右手从下抄乙左手腕，身下蹲成马步式，随即以左肘击乙之心窝。（图7-7）

图7-7

8. 乙右推

乙在甲肘将至时，即以右手下沉执推甲之左肘，使其成为背势。（图7-8）

图7-8

9. 甲左撇身捶

甲随即腰身左转，左拳拳心向上，往上撇击乙之面部及胸部。（图7-9）

图7-9

10. 乙右靠

乙随即腰身向左斜偏化开甲捶，左手由外向内套出甲之右手，左足随上半步，右足插到甲之身后左侧，同时右手执托甲左肘，以右肩靠甲之左腋部。（图7-10）

图7-10

11. 甲撤步左打虎

甲在将被靠到时，转身以右手採执乙之右肘，同时左足提起插入乙之右腿后，用左拳击乙之背部。（图7-11）

图7-11

12. 乙右撇身捶

乙在甲拳将至时,即向右转腰,左手向下抄执甲右手腕,右拳拳心向上,由上往下撇击甲之面部及胸部。(图7-12)

图7-12

13. 甲提手上势

甲就乙之来势两手内合,左足略向左后斜撤,右足提起插至乙之右腿后,同时左手采执乙右肘,右手掌随腰腿劲向左上提,随即往下劈击乙之颈部。(图7-13)

图7-13

14. 乙转身按

乙在将被劈到时,即向右转身,左足略斜撤向前踏正,随即右手按甲右肘,左手按甲右肩。(图7-14)

图7-14

15. 甲折叠撇身捶

甲乘乙之按势略左化,至势顺时右拳拳心翻上,左手黏乙之右臂,右拳随腰腿势向前撇击乙之心胸。(图7-15)

图7-15

16. 乙搬捶开势

乙在甲捶将至时，即向左转腰坐胯化开，同时左手向下往左捌开甲之右臂，随即以右拳乘势前击甲之心窝。（图7-16）

图7-16

17. 甲横捌手

甲在乙拳将至时，略含胸坐胯，用左手化开乙拳并执拿其右腕，右臂平横于乙之胸部，随腰腿左转势向左捌之，使其后仰跌出。（图7-17）

图7-17

18. 乙左换步野马分鬃

乙在将被挒时，右手套出甲之左手，以肱部掤起甲右臂，同时撤右步向右转身，左足踏前一步置于甲之右腿后，乘势执拿其右腕，随即将左臂由甲之右腋下穿出，往上向左后掤去。（图7-18）

图7-18

图7-19

19. 甲右打虎下势

甲在势将背时，右手用腰腿劲往后从乙右手抽出，甲之左手执拿乙左手腕，同时将右足随势提起略向右落地，右拳随腰腿下坐势击乙之左腋。（图7-19）

20. 乙转身撤步挒

乙在甲拳将至肘时，向左斜后方转身撤步，左手翻掌执拿甲左手腕，右肱前部随挒甲之左臂。（图7-20）

图7-20

21. 甲上步左靠

甲在被挒时，右足往右斜向前一步，左足往左转插入乙之裆内，左手臂横于乙身前，右手附于己之左肘内部，用左肩靠乙心窝。（图7-21）

图7-21

22. 乙转身双按

乙在将被靠到时，右脚提起向外横迈半步，上插到甲腿之左侧，同时转腰，左足插入甲之裆内，即以右手按甲右腕，左手按甲右肘，一齐向前按去。（图7-22）

图7-22

23. 甲双分蹬脚（跨虎）

甲在将被按到时，略往后化，左手由下抄入乙右肱内，右手执乙之左手腕，两手同时分开，提起左足随即以足心向前蹬击乙小腹部。（图7-23）

图7-23

24. 乙指裆捶

乙在将被蹬到时，右手随腰腿后化势，套出甲之左手，向后绕圈再变成拳向下击甲裆部。（图7-24）

图7-24

25. 甲上步採挒

甲在乙拳将至时，落下右足，右手执乙之右腕，随腰腿右转势往右向后下採，右足随之上步置于乙右足后，右手臂随即提上，横于乙胸之上部向左挒去。（图7-25）

图7-25

26. 乙换步右穿梭

乙在势将背时，右手肘部随之向右向上掤甲右手臂，随之右足向后撤一步，向右转身，左足向前踏出一步，左手肘部向上格掤甲之右手臂，同时以右掌按击甲之右腋部。（图7-26）

图7-26

27. 甲左掤右撇捶

甲在将被按击时，即转腰以左手执乙之左前臂向上掤提，同时右拳随腰腿之势击乙之左胸部。（图7-27）

图7-27

28. 乙白鹤亮翅蹬脚

乙在将被撇击时，两手随即同时分开，右手向上，左手向下，随身之下蹲势，以左足心向前蹬甲之小腹部。（图7-28）

图7-28

29. 甲换步左靠

甲在将被蹬到时，略向后化，右手往下将乙左足往右搂开，同时上左步置于乙右腿后，左手横于乙之身前，右手附于己之左肘，用左肩靠乙心窝。（图7-29）

图7-29

30. 乙撤步撅臂

乙在将被靠到时,左手执拿甲左手腕,左足向后斜撤半步,右手肱部随腰腿下坐势,撅甲之左臂。(图7-30)

图7-30

31. 甲转身按挒

甲在被撅势背时,腰腿向前略伸,左手由下往上向左略前伸,随即向上翻执乙之左臂转为顺势,右手按乙左肩,左手按乙左肘下部,略往左下挒,双手即同时向前按击。(图7-31)

图7-31

32. 乙双风灌耳

乙在将被按时，往后略化，右手由下抄入甲左手肱内，先略往后坐腰，同时两手从左右分开甲之双手，随势握成拳向前往上，即以虎口旁食指之上节合击甲之左右太阳穴。（图7-32）

图7-32

33. 甲双按

甲在将被击到时，两手随腰腿后化势，向下按化，撤左步上右步，两手同时向前按击乙之胸部。（图7-33）

图7-33

34. 乙下势搬捶

乙在将被按击时，身微往后化之，左手随即将右手向上往左採搬，并执拿其手臂近腕处，右拳随身之向前，弓步势击甲之心窝。（图7-34）

图7-34

35. 甲单推右臂

甲在乙拳将击到时，即向右转腰化开乙拳，同时左手向右推开乙之右臂，使其成为背势。（图7-35）

图7-35

36. 乙右搓臂

乙乘甲之推势。将右臂抄于甲之右上臂近肘处，左手腕则滑贴于甲右腕内部，然后随腰腿之下蹲势，右手从外向里撅搓，左手同时从里往外撅搓。（图7-36）

图7-36

37. 甲顺势按

甲在将被搓到时，屈肘沉腰腿，往右转腰，同时左手向前按乙右肩成右攻势，使乙成为背势。（图7-37）

图7-37

38. 乙化打右掌

乙在将被按到时，右肩随腰腿向左后略化，同时右手掌提上，随腰腿势向前闪击甲之左脸部，左手则执甲之右臂前部以防其生变。（图7-38）

图7-38

39. 甲化推

甲在将被闪击时，右步后撤，松腰腿往后化开，同时左手下沉乙之右手，至胸前时向前按推乙之臂部。（图7-39）

图7-39

40. 乙化打右肘

乙在将被按推时，右臂随腰腿之势往下微松，至胸前即屈右臂以肘向前往下击甲心窝，左手仍绕执甲之前臂近腕处，以防生变。（图7-40）

图7-40

41. 甲换步採挒

甲在将被击到时，撤左步，右手握乙右手腕向右往下沉採，在乙前俯时，右足提起置于乙右足后，左手推乙右臂，右手随腰腿左转之势横挒乙之颈部。（图7-41）

图7-41

42. 乙换步挒

乙在将被捌至背时，右手随腰腿之化势向上掤抄甲之右臂，同时撤右步上左步，置于甲右腿后，随之将右手执甲右腕，己之左肱置于甲右臂之肘部，随腰腿下蹲之势往下挒之。（图7-42）

图7-42

43. 甲右打虎

甲在将被挒至势将背时，左手随腰腿右转之势由右臂下抄执乙左肘下部，同时右足提起，右手向上抽回，右足置于乙左足后，右手即握拳下击乙之背部。（图7-43）

图7-43

44. 乙转身撤步挒

乙在将被击到时，左臂随腰腿往后略化并用左手执甲左腕，同时左足向左后斜方向迈步，并转身横退左步，以右肱近腕处黏住甲之左臂，两手随腰腿向左挒甲之左臂。（图7-44）

图7-44

45. 甲上步左靠

甲乘势左步插入乙之裆内，左臂横置于乙身前，右手附在己之左臂内部，左肩随腰腿下蹲势靠击乙之心窝。（图7-45）

图7-45

46. 乙回挤

乙在将被靠到时，腰腿向后略化身向右移，右肱横于甲之左臂，左手置于己右臂之内关穴处，同时右足上前半步以右肱挤甲之左臂。（图7-46）

图7-46

47. 甲换步双分靠

甲在被挤至将背时，右手随腰腿左转之势从下往上抄执乙左手腕，左手亦往上抄执乙之右肘内部，随乙两手被分开之势，撤左步上右步，右足插入乙之裆内，身下蹲，以右肩靠击乙之心窝。（图7-47）

图7-47

48. 乙换步转身左靠

乙在将被靠到时，略后化，并撤右步抽出右手再上左步，以左臂黏甲右臂，右手分开向后，以左肩靠击甲之右肋部或右肘上部。（图7-48）

图7-48

49. 甲打右肘

甲在将被靠到时，身体略往后化，乘势左手执拿乙左手腕往上提，右臂随腰腿后化势下沉，以右肘击乙之左腋部。（图7-49）

图7-49

50. 乙转身左金鸡独立

乙在甲右肘将到时，即向左转身，右足踏前半步下蹲坐实，右手执甲前臂内侧，左手执甲左前臂内侧，两手左右分开，同时身体上升，以左膝攻甲之裆部。（图7-50）

图7-50

51. 甲退步双採

甲在乙膝盖将攻到时，两手同时向内翻下，执乙两手腕，随右足后退之势往下採沉。（图7-51）

图7-51

52. 乙左蹬脚

乙在被採沉时，随即将双手分开甲之两手，同时用左足心蹬甲之腹部。（图7-52）

图7-52

53. 甲转身上步靠

甲在将被蹬到时，左手从外向里往左拨开乙左手，并往下抄拨乙之左足，同时上右步，其时乙左足必下落，于是乘势复上左步插入乙之裆内，右臂斜横于乙左肋部，右手提执乙左手，随腰腿下蹲之势以左肩靠击乙之心窝。（图7-53）

图7-53

54. 乙撅左臂

乙在将被靠击时，腰腿向左后略化，同时左手採执甲左手腕，右肱则随腰腿左转势向下在甲之肘处撅其左臂。（图7-54）

图7-54

55. 甲转身换步右分脚

甲在将被撅到时，腰腿往左后化，右手乘势从左臂下往外抄执乙右肘，同时身体上升，以右足扫踢乙之右腋部。（图7-55）

图7-55

56. 乙双分右搂膝

乙在将被扫踢时，左手随腰腿右转势，从右臂下往右抄执甲右手腕，同时右手向右下搂抄甲之右足。（图7-56）

图7-56

57. 甲转身换步左分脚

甲在被搂至将背时，落下右足，左手随腰腿右转势向右，由乙左臂下抄执乙左臂，乘势用左足尖踢刺乙之左肋部。（图7-57）

图7-57

58. 乙双分左搂膝

乙在将被踢刺时，右手随腰腿左转势，从乙左臂下往左抄执甲左手腕往右上提，同时左手向左下搂抄甲之左足。（图7-58）

图7-58

59. 甲採手右靠

甲在被乙搂至将背时，落下左足并往后撤半步，同时右手随腰腿左转势向上抄执乙右手腕往右后下採，右足则随势踏前一步，以右肩向乙之右肩下靠击。（图7-59）

图7-59

60. 乙回右靠

乙在将被靠到时，右足略提起，右手随腰腿左转向左绕圈化开甲之攻势，同时右手翻上执甲右手腕向右下沉採，己之右足随势前进半步，以右肩回靠甲之右肩部。（图7-60）

图7-60

图7-61

61. 甲上步左揽雀尾

甲在被採将靠到时，右手随腰腿左转，向左往后绕圈化开乙之攻势，同时採执乙右手腕，撤右步再上左步置于乙右腿后，左臂从乙右腋下伸至乙之胸前，随势向左往前掤挒。（图7-61）

62. 乙右云手

乙被掤捯，乘势含胸拔背向右转腰坐腿，右手擒执甲右腕向右往后略上勾提，至甲势背时右手按甲右腕，同时左手按击甲之右肩。（图7-62）

图7-62

63. 甲上步右揽雀尾

甲被按，乘势沉肩转腰坐胯向后圆化，同时两手分开，左手执拿乙左腕微往左上提，撤左步再上右步，右臂由乙左腋下伸至乙之胸前，随即向右往前掤击。（图7-63）

图7-63

64. 乙左云手

乙被掤击,随即含胸拔背向左转腰坐胯,同时分开双手,左手执拿甲左腕向左往后微上提,至甲势背时左手执按甲左腕,同时右手按击甲之左肩。(图7-64)

图7-64

65. 甲双分掤

甲将被按击,左肩下沉,乘势转腰腿向后圆化,同时两手左右分开,左手翻执乙右腕右臂曲为圆形,随右足坐步向前张开,击乙之心窝。(图7-65)

图7-65

66. 乙侧身撇身捶

乙在将被击到时，左足略向后移，右手随腰腿向左侧转势化开，左手又随势上翻搁在甲肱部，右足随同身体左转势，提起落于甲右腿外侧，左手往下按拿甲前臂，右拳从上往下撇击甲之头胸部。（图7-66）

图7-66

图7-67

67. 甲上步高探马下蹬脚

甲在将被撇击时，稍撤右步向右转身化开乙捶，右手乘势采执乙右腕，左掌前扑乙面部，同时左足向前直蹬乙之右膝部。（图7-67）

68. 乙白鹤亮翅（上闪下套）

乙在上下将被击到时，左手从下往内抄执甲右腕，右手同时向外往上掤化甲右掌，并乘势向前闪击甲面部，右腿同时也向左往后套化甲之左足并蹬击之。（图7-68）

图7-68

69. 甲转身摆莲

甲避乙上下之攻势，丢开乙双手向右转身，圆转至原有方向时，落下左足，以右手採执乙右腕，同时提起右足，足尖向上斜踢乙之右腋部，或横扫乙之右肋部。（图7-69）

图7-69

70. 乙左斜飞势

乙在将被踢到时，即向右转身，同时落下右足上左步，右手採执甲右腕，左臂抄入甲右腋下，横伸于甲之胸前向左往上挑挒。（图7-70）

图7-70

71. 甲刁手蛇身下势

甲在被挑挒至势背时，即向右转动腰腿往后略松化，右手刁执乙右腕向上往后提拿，同时撤右步再上左步，坐腿蹲身，左掌指攻插乙之裆部。（图7-71）

图7-71

72. 乙右斜飞势

乙在将被攻到时，即撤左步，左手从下抄执甲左腕，即上右步，右臂抄入甲之左腋下，向上往右挑捌。（图7-72）

图7-72

73. 甲左打虎

甲在被挑捌至势将背时，即转腰腿往后略化，左手乘势随腰腿向上往后套出乙左手，提起左足移置于乙右身后，右手执乙右腕向下採沉，同时左拳击乙之右背部。（图7-73）

图7-73

74. 乙转身撇身捶

乙在甲拳将到时，即向右转腰坐腿，左手从下抄执甲右腕，右拳拳心向上，从上往下撇击甲之面部及胸部。（图7-74）

图7-74

75. 甲倒撵猴（一）

甲在将被撇击时，即含胸拔背坐右腿，身往后绕化，左手向右往下沉化乙右拳，同时右手随腰腿圆转势化开乙之左手。（图7-75）

图7-75

76. 乙上步左闪

乙被化，随即上左步，右手随腰腿圆转势化开甲左手，左掌顺势向右闪击甲之右面部。（图7-76）

图7-76

77. 甲倒撵猴（二）

甲在乙左掌将闪击到时，即退左步，含胸拔背坐左腿，身往后略化，右手黏住乙左掌向左往下沉化，左手则随腰腿圆转势化开乙之右手。（图7-77）

图7-77

83

78. 乙右闪

乙右手随甲左手化开之势向左往后收绕，再变为掌向左闪击甲左面部，同时左手随腰腿圆转势化开甲之右手。（图7-78）

图7-78

79. 甲倒撵猴（三）（扑面）

甲在将被闪击到时，即退右步含胸拔背，左手随腰腿后化转圈势向右沉化乙右掌，同时右手随势化开乙左手，随即向前扑击乙之面部。（图7-79）

图7-79

80. 乙上步七星

乙在将被扑击到时,左手掤住甲右手,乘势右足后移半步,身略往后坐化去甲击,右手由右腰间向前上横格甲右前臂下方与己之左腕上,左右两手交叉成为斜十字式,架住甲右掌,同时身向前上升,提起右腿以足尖踢甲之下部。(图7-80)

图7-80

81. 甲海底针

甲在将被踢到时,即含胸拔背后移右足半步,腰向后缩,腿略往后化去乙踢脚,右手随执乙右腕,左手置于己之右腕部略上处,两手同时随腰腿势往下採沉。(图7-81)

图7-81

82. 乙扇通背

乙在被採至势将背时，右手略往下缓甲之採势，随即向上掤提甲右手，同时上左步发出弹劲，以左掌前击甲之胸部。（图7-82）

图7-82

图7-83

83. 甲手挥琵琶

甲在乙掌将击到时，上身随腰腿向右稍偏化去乙掌，随即右手执拿乙右腕向下往后旋採，左臂肱部则掫乙右肘，身略往后坐，含胸拔背，两手须有相合之意，犹似弹调琵琶。（图7-83）

84. 乙弯弓射虎

乙在将被撅合时，右臂即随腰腿向后往下沉化，右足横上一步，右手执拿甲右腕向右微往上提起，左手按击甲右腋下，两手同时向前按击。（图7-84）

图7-84

85. 甲转身单鞭

甲在将被按击时，身往后略化，左手往下勾化乙右手，撤左步上右步，右手五指下垂，以腕背直击乙之心窝。（图7-85）

图7-85

86. 乙上步肘底捶

乙在将被击到时,身随腰腿向右略偏,左手托起甲右臂肘处,随上左步,以右拳向前击甲之右肋部。(图7-86)

图7-86

87. 甲上步十字手穿掌

甲在将被击到时,身随腰腿向右后化,同时右臂下沉乙右拳,上左步,并左手拇指,以四指叉刺乙之喉部。(图7-87)

图7-87

88. 乙抱虎归山

乙在将被叉刺时，身往后略化，右手随势向上往右分开甲左手，随即两手由上往下、由外向内抱合甲双臂肘部，左足微成前弓步，同时两手用掌心发劲，使甲双足凌空而出。（图7-88）

图7-88

第三节　非套路散手举例

套路散手要练到准确精熟，并非易事，一定要找到功力相等或相近的对手，至少在一定时间内苦练五六遍以上，才能不即不离，功夫上身。再深入下去，则是不讲套路、招术与着法，而是转换快捷，随机应变，适时击发，周身均能发人击人，全视对手之招数与劲路而定，使人莫测高深，难以应对。下面举例加以说明。

（1）如对方蛮不讲理，双手抓住己之前胸，己则可用双手抓住对方双臂前节之近腕处，右足略撤，随即往下一採，乘其前俯时以左足尖踢其腹部（踢裆部更厉害，一般不用），彼必受伤不轻。这里用的是退步跨虎势。

（2）如己被人突然从后抱紧，己可微缩身下蹲，然后右手往后撩击其腹部与下身，左手则向前冲出，彼必后撤，或受伤。这是从倒撵猴化出的手法。

（3）如对方用右拳直击，己可身体微向右偏，以右手抓拿彼之手腕向下猛採，彼必前倾，同时以左掌扑击其面部，此谓即採即打。如彼左手上掤，黏接己之扑面掌，己则左手内旋採拿彼之左腕，随即以己之右手尺骨黏贴彼之左臂肘处，转腰向左侧捋去。如彼在前倾欲跌时向后强挣，己则乘势身向前移并弓腿，右手以尺骨处内旋并向前滚动，同时以左掌附于己右手之内关处发挤劲，使彼向其身后跌出。这是採、捋、挤等合用的手法。

（4）如己发觉身后打来一拳，己可将左足尖内扣，同时回身注视，以右手拳背或尺骨向彼中线处用刚劲横击之，亦可以右手採粘其右手前臂，以左拳击彼之右腰肋。这是撇身捶的活用。

（5）如对方用双手推己胸部，并用头部前撞，己可稍退后足，往后稍坐身，同时己之双手向下猛拍彼之后脑，己之前腿则提膝向上猛顶，撞击其面部。如彼能迅捷后撤，己则落下前足，两手握拳从两侧翻上合击彼之双耳或太阳穴处。如彼又将两手上插化解，己即可将两拳变掌，同时合拍彼之肋部，或以两手掌缘合击彼之肋部，使彼终难逃避被击打之厄。这是双峰贯耳等手法的化用。

（6）如对方以右顺步拳击己中部，己可用右手採拿其右腕，向右内下方引进，同时乘势进左足，套在彼之右前足外侧，随即腰左转，左上臂猛地击打其肘以上部位，使彼受伤。亦可右手採拿其手腕引向右方，己之左足套在彼之右前足后，己之左手桡骨则穿贴彼之胸部向上挒去，使对方向己之左前方斜角跌去。这是野马分鬃手法的灵活运用。

（7）对方若以右拳击己之胸部或腹部，己可用左掌採拿其右腕，略含胸坐后腿，随即以右掌扑击彼之面部。对方若以左拳击己之胸部或腹部，己则用右掌採拿其左腕，略含胸坐后腿，随即以左掌击其面部。这里用的是倒撵猴的手法。

（8）以上为后发制人之法，太极拳亦有先发制人之法。田师云："少侯师祖喜用中架如封似闭之手法，用时右手向人面部一扬，不论对方用右手或左手格架与否，即将左手从右腕下绕过採拿其腕，或用桡骨格击，同时左足上步套其足或插其裆，双掌向对方之胸部或臂部放劲，将其打出。"田师云师祖用此手法时，目光如电，身、手、步合一，并用吐气发声来加强气势和发劲的效果，常在刹那间即将人发放于寻丈以外。

总之，上面只是略举数例以飨读者，实际上功夫真正到了火候，架子中任何一招一式均可随心所用或化而为用，见招破招，见式打式，功力极深者甚至周身都能发人击人，令人惊羡不已！功夫不到，则任何一种手法也用不上或用不好。习练太极者能不发奋努力，用功终生，潜心琢磨，以防身御侮吗？！但更为重要的是，我们还必须深入理解与研究太极拳中的思想精华与精神内核，那就是"动中求静"，益寿延年。古之先贤极为推崇"心静则安"之说，这与长寿关系极大。明《养生四要》中记载："心常清静则神安，神安则精、神皆安，明此养生则寿。"清《老老恒言》也有记载："养静为摄生首务。"而这也早已为现代医学所发现和证实。事实上，《杨式太极拳老谱》不但录有太极拳的一些神功绝技，也提示了太极拳"文武兼修"的重要性。《老谱·太极分文武三成解》指出："法分三修，成功一也。文修于内，武修于外。体育，内也；武事，外也。内外表里成功集大成，即上乘也。"《老谱·对待用功法守中土》中又记载："运动知觉来相应，神是君位骨肉臣。分明火候七十二，天然乃武并乃文。"明确指出了太极拳文武并重、性命双修、延年益寿的宗旨，也充分说明了太极思想内涵丰盈、文化积淀深厚的优越性，而吾辈肩上的传承责任也就极为重大。让我们共同努力，不断砥砺进益，为增进广大人民群众的健康做出应有的贡献！

第八章　杨式太极推手散打的经典论述

（一）杨家经典论述

《杨式太极拳老谱》共三十二目，四十篇，内容博大精深，已全文载入拙著《杨式太极真功》一书，澄甫公之重要论述亦然。为节省篇幅，这里只摘录《杨式太极拳老谱》重要条目，其他有关要目已载入本书第一章；班侯公、健侯公及少侯公之重要论述，因篇幅较短，则全文载入本书第一章，希读者察之。

杨式太极拳老谱

一、八门五步

掤南、捋西、挤东、按北，采西北、挒东南、肘东北、靠西南——方位。

坎、离、兑、震、巽、乾、坤、艮——八门。

方位、八门，乃为阴阳颠倒之理，周而复始，随其所行也。总之，四正、四隅，不可不知矣。

夫掤、捋、挤、按，是四正之手；采、挒、肘、靠，是四隅之手。合隅、正之手，得门、位之卦。以身分步，五行在意，支撑八面。

五行：进步火、退步水、左顾木、右盼金，定之方、中土也。

夫进退为水火之步，顾盼为金木之步，以中土为枢机之轴。怀藏八卦，脚跐五行，手、步八五，其数十三，出于自然十三势也。名之曰：八门五步。

二十、太极下乘武事解

太极之武事，外操柔软，内含坚刚。而求柔软之于外，久而久之，自得内之坚刚。非有心之坚刚，实有心之柔软也。所难者，内要含蓄坚刚而不施外，终柔软而迎敌。以柔软而应坚刚，使坚刚尽化无有矣。

其功何以得乎？要非沾黏连随已成，自得运动知觉，方为懂劲。而后神而明之，化境极矣。夫四两拨千斤之妙，功不及化境，将何以能？是所谓懂沾连，得其视听轻灵之巧耳。

二十六、太极气血根本解

血为营，气为卫。血流行于肉、膜、络，气流行于骨、筋、脉。

筋甲为骨之余，发毛为血之余。血旺则发毛盛，气足则筋甲壮。

故血气之勇力，出于骨、皮、毛之外壮。气血之体用，出于肉、筋、甲之内壮。气以血之盈虚，血以气之消长。消长盈虚，周而复始，终身用之，不能尽者矣。

二十七、太极力气解

气走于膜、络、筋、脉；力出于血、肉、皮、骨。故有力者，皆外壮于皮骨，形也；有气者，是内壮于筋脉，象也。气血功于内壮；血气功于外壮。

要之，明于"气血"二字之功能，自知力气之由来矣。知气力之所以然，自能用力、行气之分别。行气于筋脉，用力于皮骨，大不侔也。

二十九、太极膜脉筋穴解

节膜、拿脉、抓筋、闭穴，此四功，由尺寸分毫得之后而求之。

膜若节之，血不周流；脉若拿之，气难行走；筋若抓之，身无主地；穴若闭之，神昏气暗。

抓膜节之半死，申脉拿之似亡，单筋抓之劲断，死穴闭之无生。

总之，气血精神若无，身何有主也。如能节拿抓闭之功，非得嫡传不可。

（二）澄甫先生论太极拳精义

从来武术家，得有妙法，多秘不示人，所谓传子不传女也。然子未必肖而贤，以致屡屡失其真传。倘或有得意弟子，乃传其法者，亦必留一手，以备不测。诚如是，欲求吾国武术之发扬，岂易得哉？今曼青之受澄师者，未敢说尽其传，倘也留一手，或秘而不宣，则怀宝迷邦矣。十余年来，每欲笔著于书，以广流传，此心萌动，而复搁置者，屡矣。亦恐传非其人耳。既而思之，善与人同，固吾所愿，乃谨录要诀十二则如次。此皆澄师所不轻易传者。每一语出，辄叮咛曰："余如不言，汝虽学三世，不易得也。"此言何止重提数千遍。蒙澄师之过爱如此，而不能达其厚望，惭愧无已。尚希世之贤哲英豪，有以参证而广大之，使尽人皆能祛病延年，则民族幸甚。

一曰松。澄师每日，必重言十余次，要松，要松，要松净，要全身松开。反此则曰："不松，不松，不松就是挨打的架子。"

按松之一字，最为难能。如真能松净，余皆末事耳。余将澄师平日口授指点大意，附于下，使学者易于领悟。松，要全身筋络松开，不可有丝毫紧张，所谓柔要百折若无骨。若无骨，只有筋耳。筋能松开，其余尚有不松之理乎？

二曰沉。如能松透，即是沉。筋络松开，则躯干所系，皆得从下沉也。

按沉与松，原是一事。沉即不浮，浮是病。体能沉已善矣，尤须加以气沉。气沉，则神凝，其用大矣。

三曰分虚实。《太极拳论》所谓："处处总此一虚实"。以右手与左脚相贯一线之劲，右脚与左手亦然。如右手左脚实，则右脚左手实。反是，则亦然。是为分清。总之全身负担，只许放在一只脚上。如两脚分担，便是双重。其转变时要注意尾闾与夹脊得中，方为不失中定。至要至要。

按转变一语，即是变换虚实之枢机。不经道破，真永不知有下手处也。右手实劲，交与左手，其枢机在夹脊。左脚实劲，交于右脚，其枢机在尾闾。但要尾闾与夹脊中正对直，方位不失中定。此语非潜心领悟，不易得也。

四曰虚灵顶劲。即是顶劲虚灵耳，亦即所谓顶头悬之意也。

按顶头悬者，譬如有辫子时，将其辫子系于梁上，体亦悬空离也。此时使之全身旋转则可，若单使头部俯仰，及左右摆动，则不可得也。虚灵顶劲及顶头悬之意，亦若此而已。须于练功架时，将玉枕骨竖起，而神与气不期然而相遇于顶焉。

五曰磨转心不转。磨转者，即喻腰转。心不转者，乃气沉丹田之中定也。

按磨转心不转者，此家传口诀也。比诸拳论所谓"腰如车轴、腰为纛"二语尤为显赫。余得此意后，自觉功夫日渐进境。

六曰似拉锯式揽雀尾。即掤捋挤按之推手也。往复相推，喻之以拉锯。拉锯者，彼此用力均匀，则往复可以畅通无阻。如一面稍欲变化，则锯齿随处可以扎住。如彼使之扎住，则我虽欲用力不得拉回时，只可用推力送之，便可复得相推如初。此理在太极拳之推手上，有二意：一曰舍己从人，顺其势，可以得化劲与走劲之妙用；二曰彼微动，己先动，此即彼欲用力推送来时，则我亦先之以拉力拉回，彼如以拉力拉去时，则我先之以推力送之去。

按拉锯之喻，其理可谓透彻之至，此真家传妙诀！余于此恍然大悟。于彼微动，己先动之着手功夫，苟能于此娴熟，则操纵在我不在彼，其余又何论矣。

七曰我不是肉架子。汝为什么挂在我身上？

按太极拳，专尚松灵，最忌板滞。若如肉架上挂肉，便是死肉，又何有灵气可言？故痛恶而决绝之。乃有我不是肉架子之詈骂。此亦家传口诀，用意深刻，幸细观之。

八曰拨不倒。不倒翁，用身轻灵，其根在脚。非具有松沉两种功夫，不易办到。

按不倒翁之重心，在乎下部一点。拳论所谓偏沉则随，双重则滞。如两脚同时用力，一拨便倒无疑。用身稍有板滞，一拨便倒无疑。要之全身之劲百分之百，沉于一只足心，其余全身皆松浮，得能轻于鸿毛，便拨不倒矣。

九曰能发劲。劲与力不同，劲由于筋，力由于骨。故柔的活的有弹性的是劲，刚的死的无弹性的便是力。何为发劲，放箭似的。

按放箭，是靠弓弦上弹力。弓与弦之力量，即是柔的活的有弹性的。劲力不同，能发不能发，可以见矣。此犹不过论发劲之性质耳。于作用上犹未详尽，余又将澄师平日时时讲解发劲要法，兹附录之。曰："要得机得势。"曰："要由脚而腿而腰，总须完整一气。"谓健侯老先生喜诵此二语。然得机得势最难领略。余以拉锯式之作用中，确是有机有势存乎其间。因彼之欲进欲退，我先知之，是为得机；彼既进既退，受制于我，是为得势。举此一端，可以知之。脚腿腰能完整一气，一则是力聚，可以致远；一则身不散乱，方可命中。发劲之妙用，尽于此矣。学者勉之。

十曰搬架子。要平正均匀。

按平正均匀四字，最为平淡，却极难能。平正方能安舒，可以支撑八面。均匀方能贯串，而无断续处也。此即拳论所谓立如平准，及运劲如抽丝等语。非从此四字下手不为功。

十一曰须认真。《打手歌》曰：掤捋挤按须认真。若不认真，便都成了假的。吾今举以告汝：掤若掤到人家身上去，捋若捋到自己身上来，都是错认。掤不要掤到人家身上去，捋不要捋到自己身上来，此是真的。按与挤，皆要蓄其劲。不可失却中定。此是真的。

按须认真三字，从来读破《太极拳论》，未得悟彻。一经澄师道破，始知有尺寸、有法度。非经口授指点，不易了解者，皆此类也。此真家传秘诀。学者其由此体验之，便可得其尺寸，则不复失中定矣。至要至要。

十二曰四两拨千斤。四两何能拨千斤？人皆未信之。所谓牵动四两拨千斤者，只要用四两劲牵动千斤，而后拨之。此牵与拨，是两事，非真以四两拨千斤也。

按此节牵拨二字分开解释，便能见其妙用。牵之之法，譬如牛重千斤，穿鼻之绳，不过四两。以四两之绳，牵千斤之牛，左右如意，其欲奔驰不可得也。盖牵者，牵其鼻准。若牵其角、其腿，不行也。足牵以其道，以其处也。然则牛可以四两之绳牵之，如千斤之石马，亦能以四两之朽索牵之乎？不能也。此活与死之作用不同。人有灵性，其欲以千斤之力攻人时，其来有方向。譬如对直而来，则我以四两之劲，牵其手之末，顺其势而斜出之，此之谓牵。因牵动之后，彼之力已落空，则此时以劲拨之，未有不掷出寻丈之外者。然牵之之劲，只要四两足矣。拨之之劲，酌用在我耳。然牵之之劲，不可过重。重则彼知之，可以变化脱逃也。或则借牵之劲，换其所向，得以袭击之也。否则彼知我牵之，便蓄其力而不前。蓄其力，其势已退挫，可即因其退挫，便舍牵之之劲，而反为发放，则彼未有不应手而倒，此反拨也。

以上种种，皆澄师口授指点之传于曼青者，不敢自秘，愿广其流传，幸世之同仁共勉旃。

——郑曼青著《郑子太极拳十三篇》

（三）田兆麟师推手散打论述

论　劲

劲与力，在未学推手、散手之前，固无从分别。但如已学推手、散手，则不可不清楚了然。常见学习武术数年之久者，仍不明所以，殊属憾事。须知力，由于骨，陷于肩背，而不能发。劲由于筋，能发，且可达于四肢。力为有形，劲则无形。力方而劲圆，力涩而劲畅，力迟而劲速，力散而劲聚，力浮而劲沉，力钝而劲锐，此力与劲不同也。外家拳之力，有直力、横力、虚力、实力之分。直力显而横力隐，虚力刚而实力柔。初学者力直而虚，是真力也。老学者力横而实，此乃劲也。但劲之中，又分创劲、功劲、掤劲、黏劲等。初学者多创劲、功劲、掤劲。创劲太直，难以起落；功劲太死，难以变化；掤劲太促，难以斩接，要皆强劲露形而不灵。艺高者多为黏巧劲，又灵又捷，不见其形，手到劲发，未中之先无劲，既中之后无劲，唯中肯之顷，疾如闪电，一发便收，敛气凝神，毫不费力。阳劲以刚胜，阴劲以柔胜，如大风过处，百草俱偃，这是少林拳中之上乘功夫。太极拳亦然，全尚巧劲而不尚拙力。其人呆力愈大愈厚，则巧劲愈小愈促，故劲之门类綦繁。例如，沾黏劲、听劲、懂劲、走劲、化劲、借劲、发劲、引劲、提劲、沉劲、拿劲、开劲、合劲、拨劲、掤劲、捋劲、挤劲、按劲、採劲、挒劲、肘劲、靠劲、搓劲、撅劲、卷劲、钻劲、截劲、冷劲、断劲、寸劲、分劲、抖跳劲、折叠劲、擦皮虚灵劲等。

其中尤以沾黏劲、听劲、懂劲、化劲等数劲，为该拳之擅长特点。若能将此诸劲了解，用之于身，则可明了太极拳之奥妙矣。虽云太极拳至大成时，仅尚意而不尚劲。然初学者入室由门，升阶由级，必须从练劲入手。盖不知有劲，即不明内气之功，则不知太极拳真意。所谓登高必自卑，行远必自迩。可见用劲实为学习太极拳之初步纲领。故本篇对于劲之一项，撮其大要，分析述明，以为初学者之研究焉。兹将各劲分述如下。

一、沾黏劲

即不丢之劲，主前进。为太极拳中最重要之基本内劲，由推手而来。初练时两手不知所觉，犹如木棍。渐复由手而臂、而胸、而背，以至周身皮肤逐渐生有感觉。有感觉始可沾黏。有沾黏始可将敌吸住，为我所制。此种沾黏，须由高明老师引领之，就如蓄电池之过电，教师系有电之发电机，学习者为一无电之蓄电池。功成则如发电机已将电过入蓄电池中，而后蓄电池亦能单独发电，俗称喂劲。以其如慈母喂食于小孩，日久之后，小孩亦知自食方法。故练习此劲至相当程度后，皮肤上有似云似雾之气，如漆似胶。一遇敌手，即不丢不离。非但手如此，周身皆然。其艺愈高者气愈厚，面积也愈大。但此气不能目睹，仅能自觉，或使具有同样功夫者互相感觉耳。故艺高之人于推手时，一搭手即知对方程度，其理即在彼此沾黏圆圈面积之大小也。此劲为练习太极拳推手中最重要者。初步必须练习，否则不能研究其他诸劲。此为初学者不可不注意也。

二、听劲

此听，乃周身皮肤感觉之听，非通常用耳之听也。故在未练习听劲之前，必须先练沾黏劲。若不明沾黏劲，则不能听。或以推手之纲领，全在懂劲，而未知不听即不能懂（懂其动作变化）。犹如言语，若不有耳静听，即不能理解人意，故欲懂非听不可。太极拳之听劲亦然，非将己身呆力俗气抛弃，放松腰腿，静心思索，而敛气凝神以听之不可。夫不听，如何能懂？不懂，如何能走？不走，如何能化？不化，如何能发？由此可知，太极拳中之听劲甚为重要，望学者深切注意焉。

三、懂劲

能听，然后能懂，此固为一定之理。然听或不准确，即不能全懂。故懂劲一门，亦甚困难，非由明师口授与自己切实研究不可。经相当时期后，方能全明其理。在太极拳推手中，未懂劲之先，固易犯顶、匾、丢、抗等病，但是懂劲之后，往往易犯断、结、俯、仰各病。此乃后者在似懂非懂之间。断、结无一定之标准，皆因视听不能准确，尚未达于真正懂劲之境。倘能闪、还、撩、了、转、换、进、退，行动自然随心所欲，如是方可谓真正懂劲也。真正懂劲之后，即能得屈、伸、动、静之妙，开、合、升、降之效。见入则开，遇出则合，看来则让，就去即升。果能到此地步，即入神明之域。《太极拳论》中所云："懂劲后，愈练愈精。"此之谓也。在未懂劲前，若先求尺、寸、分、毫，斯为小功，不过末技而已。所谓能尺于人，实非先懂劲也。必须懂劲后，神而明之，自能量尺、量寸、量分、量毫，能量然后能节、拿、抓、闭。到此境界，又分自己懂劲、于人懂劲两种。自己懂劲，阶及神明，能反探己身中之阴，时时皆然，俗谓阳得其阴，水火既济，乾坤交泰，性命葆真矣。此乃修道中要诀。若于人懂劲，视听之际，随遇变化，不着思虑形相而无往不宜，自得太极之妙。此即技击中之要纲。上述两种，乃为太极拳之大成。故习太极拳者，非懂劲不可，如莫明此道，则难与言太极拳者矣。

四、走劲

即不顶之劲，主后退。由懂劲而来，不懂如何能走？譬如人来势，或高或低，或横或直，或左或右，或长或短，原无一定标准，若不懂其势，如何能走？走者，走避人之重力，而不与之相抵之谓也。故推手时，手部一觉人有重意，即变为虚。如遇偏重，则偏松之，遇双重，则偏沉之。卸去其力，随彼力之方向而去，不稍抵抗，使人处处落空，毫不得力。正所谓左重则左虚，右重则右杳是也。然初学者非遇大劲而不走，是尚有抵抗之意，而非懂劲后真走也。走劲之枢纽，全在腰腿。腰腿无功，亦属徒然。学习者对于此节，亦不可不知焉。

五、化劲

化劲由黏劲与走劲而成。不丢不顶，随感随化，前进后退，左顾右盼，相济不离。化之要点，全在我顺人背。若能达此境界，则彼虽有千斤之力，亦无所用。故化劲在太极拳中洵为重要。而化劲中须略含掤劲，无掤劲则不能化。化劲不要以手或肩化之，而全用腰腿。若用手或肩，是谓硬拨，而非真太极拳之化劲也。倘能顺人之势，或高或低，或横或直，快慢相合（化之太快，不能引其入榫，过慢仍未化去），黏而化之。至于直来曲化，或左或右，或上或下，使彼劲路变更方向，在乎随机应变耳。但往复须有折叠，进退须有转换，使人不知己之劲路。直到对方势背为止，是谓真化也。化后乃可拿可发，要亦不可化尽。化尽则己之沾黏劲易断，而去势随之远矣。又不能化之过后，过后则势背，不能前进。至于化敌之发劲，要待敌劲将出而未全出，将至而未全至之顷，随势而化。勿太早，或过迟。太早未到，无有所化。过迟已着，化之无益。至于化圈之大小，艺愈高者圈愈小，反之则愈大。或以太极拳全尚软化者，非也。该拳实乃有化有发，化之得势，则发亦自可矣。化不得势，何能言发？全由学者领悟运用耳。艺高者后化即前进，其上身似往后化退，但下一步同时已前进矣，此为以退作进之法。诚奥妙无穷焉。反之，初学者多以退步为后化，实不知此乃逃避，而非真化也。上乘者外操柔软，内含坚刚。此坚刚非有意之坚刚，实乃练功日久，自然增长之内劲也。所难者，内含坚刚而不施于外，即迎敌化人时，亦以柔软应付坚刚，使人坚刚尽化无存。然此步功夫，何等深玄。要非沾、黏、连、随，已由懂劲而达神明之域者，不能轻灵玄妙，收四两拨千斤之效也。

六、引劲

引劲即人不动，而引其动。或人既动，而引其入于己之路线是也。人仅知化劲、拿劲、发劲，而不知有此引劲。实则引劲处于化、拿之间，而较化劲为难。盖对方来势，不能随己心欲，故必须用引劲引之。譬如两物行走，方向不一，则无由相合，必须引之，然后乃能相合。至引之方法，须化到对方之劲将尽未尽时，如此方可引之入窍。易言之，引劲乃欲引出对方背势中之焦点。遇对方是艺浅者，固易为之。若稍有能为者，又须用假引之法。如引高打低，引直打横，或故出一虚拳以引之，使彼丹田气上升，重心不稳，在惊惶之际出其不备，即可拿而发之。故在发之先，须有拿；在拿之先，须有引；在引之先，须有化，斯为一定之理。此种引劲之法，非专习有年者不能成。因引劲非仅手引，同时也须应用身法、步法、腰法等。盖引之愈长，发之愈有势，故《太极拳论》中所谓："进之则愈长，退之则愈促。"即此意也。但终不离沾、黏二字，是又不可不注意。

七、拿劲

此劲较引、化两劲，尤为难学，且在太极拳中颇为重要。盖不能拿，即不能发。发之不中，皆由拿之不准。拿实为发之先锋。拿至敌发呆顿而己之意到时，即发其焦点，未有不中的。唯有拿时须动作轻灵，重则易为人知觉，变化脱去。其难亦在斯将拿未拿到之际。若拿到后，敌即不能脱去，所以，拿之妙，妙在人不知不觉之间。但拿人必须拿其活关节，如腕、肘、肩等处，否则易被人化脱。双手拿人，犹如以秤衡物，重则秤锤移于外，轻则移于内，不要使高低轻重相等，勿失其衡。拿时除沉肩垂肘、含胸拔背、敛气凝神外，己之重心尤须注意，务使尾闾中正，顶悬步稳，重心稳定。所谓拿人不过膝，过膝即不拿，乃此意也。如离人远，非己进步不可，否则有重心不稳之虞。拿人非手拿，手拿钝而易化，拿之枢纽全在腰腿。拿人非力拿，力拿呆而易脱。拿之主使全在意气。而拿之步法、身法、方向亦均重要，非口授不可。功深者拿人，一搭手无论何处，一索即得，且能使被拿者身不自主，随其所欲，俗曰入榫。但艺高者，往往拿而不发，其理在于拿到后，人既知势败必损，已认屈服，可毋庸再施发劲，令人更觉难堪，这亦是君子之道也。拿又分有形、无形两种。有形者，拿之圆圈愈小，其功夫愈深；反之，圆圈愈大，其功夫愈浅。无形者，在二人皮肤相黏各施引拿时，艺浅者之圆圈常被艺深者遮蔽。此种奥妙功夫，虽由明师教授，然非自身练之以恒，不克有成。

八、发劲

欲击人，非发劲不可。不知发劲，焉能发人？更无以言拳击。其以太极拳养身者可无言，如欲防身，则非知发劲不可。因太极拳仅知化而不知发，是乃知守而不知攻。须知化中有时不能手手化净，岂能安然无事？一有失败，即牵连全部。进而言之，纵不求胜于人，至少也应不败于人，故非一化一发（即一守一攻）不可。如此可使敌不能致全力于发，亦须顾及于化矣。故前辈发人有"出手见红"之语，意为一出手就使敌人跌倒。不令人攻而守，或己守而攻，免得多费时间与精神，实为至理名言。否则既须注意于守，又须注意于攻，反使己之精神分散，为人所乘。太极拳中之发劲，分为截劲、长劲、沉劲、钻劲、寸劲、分劲、冷劲、断劲、抖跳劲等，其中截劲较长劲为猛，钻劲较沉劲为厉，分劲较寸劲为狠。其发人能将人双足离地，以一次腾出为佳。如人双足不能离地，仅是带跳带退为次。后者因气与劲不足，不能摧敌根腾起焉。至于冷劲，因引发人于不知不觉，故其势甚猛，但为艺高者所不取，盖有损于君子之道也。何谓断劲？断劲乃在引人得势后，中间内劲稍断，随即以全身蓄劲，直发于人身，此劲猛烈异常，用于不知太极劲或知而不精者最为灵验。但也为艺高者所不取，盖因斯为劲之发，全皆暗昧不明，殊非丈夫所为。相传，昔日杨班侯发人，能使人双足离地，一跃腾出三丈六尺。在今人观之，杨之艺术可谓高超矣，然其父杨露禅反不以为然，其理也以彼之发劲，实含有断、冷性，而非光明磊落，用心意巧发也。此外尚有抖跳劲，当己劲与敌劲黏住时，即用腰腿劲抖拍之，敌身则双脚腾起，亦应之而拍于地，如拍球然。尤奇者，先拍若干下，复以长劲发之，敌身发出后亦能腾跳若干起，故此劲甚为奥妙。发劲中除借劲、钻劲外，其他诸劲在未发前，都须有化引拿。拿之得势，方能言发。不然，发亦无效。此在初学者固觉困难，然一劲通后，他劲也可通矣。未有精一劲，而不能使用他劲者也。学习者于学习发劲之初，当先知劲路：人之全身，何处为根？何处为枝？何处为叶？人之上身，何处为根？何处为枝？何处为叶？人之下身，何处为根？何处为枝？何处为叶？夫人之全身，足为根，身为枝，头为叶。人之上身，肩为根，肘为枝，手为叶。人之下身，腿为根，膝为枝，足为叶。故拿人发人，须先制其根，是谓登堂入室，亦即摧敌摧根是也。能明此旨，方可发人。否则犹如缘木求鱼，终不可得。然以劲发人时，必有三种要点：一机势，二方向，三时间。机势即己势顺而敌势背，敌之重心偏于一方，显露其焦点。易言之，敌之重心已歪，身上有一部分发呆（即拗住之一点），同时其气上升。方向，或上或下，或左或右，或正或隅，必须随敌之背向而发之。时间须恰当其时，即在敌应在其旧劲已完、新劲未生之时（发呆时），或后退之时，不可或早或迟，早则敌势未完，易生顶抗之弊，迟则敌已发觉，而生变化。此三者，缺一不可。如知机势而不知方向，易犯落空或与敌相顶之弊，但知机势与方向而不知时间，也易犯顶抗或发之不足等弊。果能三者俱全，则发人甚易，犹如弹丸脱手，无往不利。反之，发势虽猛，仍无效用可言。

除此三者之外，尚需注意己与敌之距离。过远则劲不能达，太近则己劲被闷闭，不能发出。至于发劲之高低上下也有关系，人低我低，人高我高。人过低则发其上部，人过高则发其中部或下部。而敌身躯之高矮、大小轻重，亦概须留意。大抵矮者宜发其上部，长者宜发其中部、下部之间；上下轻重相当者，宜发其中部；上轻下重者，宜发其下部；上重下轻者，宜发其上部。此种轻重，可于推手时，用沾黏劲和引化劲探知。发之地点，有时发其呆实处，有时发其虚而不能变化处，有时手指引其力出，而以掌发之。总之，虚虚实实，先使敌意气散乱，引出其焦点，然后发之。并随屈就弯，人屈则随其屈以发之，人弯则就其弯以发之，可随机而运用。夫艺高者，己之焦点甚小，而发觉人之焦点甚大，且在敌身上任何一部分，皆能引出焦点而发之。同时己身之任何一部分，均可以发人。而且其发人，又在一刹那之间，随引随发，诚令人惊羡不已也。

发劲时，须求周身一致，并且出于不知不觉，发者本身自觉愈无劲，而受者愈觉沉重。反之本身自觉出劲很猛，但被击者并未受得如其理想中之重量。此中缘由，实因发者自觉有劲，其劲并未全部透出；其自觉无劲者，彼劲已全部透出矣。故发劲须如放箭，曲中求直，当完全吐出，勿稍停留于手臂中。盖发劲不畅者，每有三停，以上肢言，一停于肩穴，二停于拐肘，三停于掌根。以下肢言，一停于胯，二停于膝，三停于踵。以中部言，一停于胸，二停于腹，三停于丹田。

发时，己身应尾闾中正，虚领顶劲，含胸拔背，沉肩垂肘，坐腕伸指，两臂直而不屈（内劲如九曲珠之成一大珠式）。同时将背脊骨稍加凸出，并坐腰松胯，如枪弹出膛之状。但坐腰不能向后，向后则劲缩于后，而不能前发矣。

发劲中内气之运用有二：一由前往后，俗称由先天往后天，是为丹田气沉，再由丹田逼出，贯于四肢；二由后往前，俗称由后天往先天，是为气贴脊背，再由脊背而出，贯于四肢。发人之劲，一如抛物，欲抛则抛，切不可稍有要抛不抛之疑虑。设有此疑虑，意气易断。意气既断，何能发人？故发人时，须敛气凝神，目注对方，切勿视地，防人跌倒。视地则劲往下，《太极拳论》中所谓："仰之则弥高，俯之则弥深。"即此谓也。须知神之所在，意气随之，劲虽发出，而意气依然不断，正所谓劲断意不断，意断神可接是也。

艺高者能随化随发，其中含有一个小圆圈，功愈深则圈愈小，半圈化而半圈发，故常不见其形，此即所谓进即是退，退即是进，收即是放，放即是收也。相传，昔时杨健侯一日坐在庭中，手持烟斗吸烟，其徒前趋请益，乃命徒用拳尽力击其腹，徒拳将着，杨在一笑一哈之际，将腹一鼓，徒跌出庭外。杨乃安坐吸烟如常，其徒竟不明由何劲而被抛出。杨之长子少侯，在金陵时曾遇一疯犬，犬扑其腿，在将及未及之际，少侯用膝一屈，犬即腾出数丈。此皆上乘发劲之妙用，亦谓神乎其技矣。

九、借劲

为太极拳中奥妙而之上乘发劲，非艺高者不能应用。因借劲之发人，无引无拿，其间仅含有少许化劲耳，随到随发，不加思虑。其速度犹如风驰电掣，乘人之势，借人之力，高来高往，低来低去，无须觅其焦点背势，能使敌在不知不觉中被发出。

其尤奇者，敌来亦去，敌不来亦往，来势愈大，则被击之势愈猛。《打手歌》中所谓"牵动四两拨千斤者"，即借劲之谓也。能借劲，则力小可胜力大，弱者可击强者。倘更能善于此道，则人之任何部分，皆可借之，而己之任何部分咸都可发之。唯发人时必须腰腿一致，沉肩垂肘，含胸拔背，尾闾中正，用意气发出。尤须顾及时间，不可或早或迟，早则敌劲未出，何由假借，迟则己身已被击中，无能为矣。最恰当之时间，为敌劲将出还未全出，或将到而未全到之际，在一刹那间，发之方为有效。犹如人之入室，一足正将跨入，而室门忽闭，人即无从入内，而反被门叩出。又如人说话，正待开口发音时，即掩之，口被掩扪，气阻音塞，无言矣。由此可见，借劲之学习，实非易事，尚能运用自如，是谓太极拳之上乘者。上述发劲项内杨家父子所发之劲，该即此借劲也。

十、开劲

见入则开，即见人劲来时即化开之谓也。开劲乃方劲，而有开展之意。用以达人之内门，其势非常勇猛。用时身法、步法皆有相连关系，距离不能过远，过远则不能运用。开时须用腰腿劲，加之意气，并非只用手臂，若仅以手臂硬开，则呆而钝。开至恰到好处时，当即发之，过则己劲易断，即失效用，不足又反为敌所乘。总之，须开至己顺人背时为止。开之得势即可直迫敌身，任意所为。但艺高者往往故意自开其门，任敌进入，即乘机反攻之。此种反施之法，合于老子所谓欲取姑先予之说。又与窃贼盗物相同，若不入汝室，何以捕之？待彼入室内将盗汝物时捕之，既容易又合理。

开劲在十三势拳架中，应用甚多，如提手上势、白鹤亮翅、如封似闭等，要求学者自能检讨之耳。开劲非仅化人，也可以发人，其发人含有掤意，所以开后就须发，不发即失其机矣。

十一、合劲

开之反为合。俗谓一阴一阳，一开为阳，一合为阴，有开必有合，有合必有开，所以开、合二字有连带关系。就去则合，即乘敌去合之之谓也。合为圆劲，亦即紧凑之意。合时用腰腿劲，须沉肩垂肘，含胸拔背，气贴脊背。在十三势拳势中，如提手上势，手挥琵琶、如封似闭、合太极等，皆有合劲之意。

合劲在太极拳中甚为重要，发劲时多含此意，盖能将周身之气合而发敌之焦点，则敌无不受创焉。故十三势行功心解所谓"行气如九曲珠，无往不利"一说，即发劲时合众气一鼓而出，如九珠合而为一，盖发劲无此，则气不能凝，不凝则散，发亦无效。

十二、提劲

提即提上拔高之意，亦即太极拳中沾之一字。其效用乃拔敌之根，使其重心倾斜，故重心既歪，其势败矣。唯本身重而提身轻者易，反之则难，不用巧法不可。

此种巧法，即乘人不觉时，往前进步，用腰腿劲向上沾提，使人在不知不觉间重心倾斜。至于提之方法，全在腰腿，非用手提，手提则重而笨，易被人发觉。故此时足部当取稳实，丹田气松，虚领顶颈，气贴脊背，尾闾中正，敛气凝神，眼神注视对方，大有拔山提岭之势。此外，对于方向、距离、身法及步法，尤应与对方凑合，不然，仍是无效。故在应用者随机应变耳。提之得势，加以后引，则无论何劲皆可发击，敌未有不出焉。即《打手歌》中所谓

"引进时落空合即出"之意也。但提劲非艺高者不为，不然反为人乘虚而入，弄巧成拙，学者不可不注意也。

十三、沉劲

沉与重，人均以为一也，实则非耳。盖重为有形，沉为无形，重力呆而滞，沉劲活而有似松非松、似紧非紧之形，与重绝不相同。学习者在推手时，对于沉、重、轻、採、浮，大都不能分析了然，故每易入歧途。著者有鉴于此，特将"沉重轻浮"四字叙述如下，俾学习者有章可循，而达正途。

盖双重为病，由于填实，填实则气闭力呆。双沉不为病，因其活泼能化。双浮为病，由于飘渺。双轻不为病，因其自然轻灵，然轻浮亦不等也。半轻半重不为病，偏轻偏重则为病。因半者，半有着落也；偏者，偏无着落也。偏无着落，则失方圆；半有着落，不出方圆。半沉半浮为病，失于不及。偏浮偏沉为病，失于太过；半重偏重为病，滞而不进；半轻偏轻为病，灵而不圆；半沉偏沉为病，虚而不实；半浮偏浮为病，芒而不圆。然则果如何而后可？

吾曰："双轻不进于浮，是乃轻灵；双沉不进于重，是乃离虚。此二者斯为最佳。"总之，内须轻灵不昧，而外气清明，能留于肢体，始为正法。发劲能沉，则敌出更厉。因丹田之气，由背而臂而手，达于敌身，使敌腾空跃出，如拍球然。拍得愈急，其升愈高。此劲颇猛，为发劲中之重要劲力之一。《太极拳论》中所云："如意欲向上，即寓下意，若将物掀起而加以挫之之意，斯其根自断，乃坏之速而无疑。"即上述大意也，学习者不可不注意也。

十四、掤劲

此劲在推手中最为重要。推手时如无掤劲，一搭手后，即为人所压瘪，无以相抗。但非用手臂，须用腰腿，加以意气，使敌不易攻入，此为防守之法。若欲发敌，则在未掤之先，应往后向下，用引劲诱之，使其劲出而显有焦点，复借其劲而掤之，无不获胜。否则对方势必空虚，无由假借，不能掤也。

掤之地点，以人之活节或拗处为最佳，盖使其不易化脱也。至适当时机，亟须发击，不然徒劳而返，有何意义？掤发人时要凝气敛神，眼神注视对方，若掤东视西，则无效矣。

十五、攦劲

攦者，一手（掌缘近腕处）沾人腕部，一手（肱部）黏人臂，攦其至己身后，所以补其他发劲之不足也。盖其他发劲，敌多往后跌出。如彼已知此弱点，故将重心前倾，不使后仰，斯进当用掤劲，乘其前倾，即引攦之，使敌前倒而跌至己身后方。

然功浅无沾黏劲者，则勿用之，盖易被人乘隙而直入也。纵有沾黏劲者，若捋之不得其法，也多不克制敌。其故有二：一则不能引敌。盖未捋之前，须故意先用掤劲，则对方必起抵抗，有此抵抗力，方可捋也；二则不明捋之方向。初学者之方向多用直线，此在艺高者有身法、步法，固能为之。若技艺不精，反不如用三十度左右之斜角线为佳，因前者之劲易被滑脱，后者犹可借人劲也。

捋人之主要关键，全在腰腿与意气，而非手臂也。夫捋之初，己身腰腿应略上升，掤至胸口前，人背已顺时，乃坐腿松胯，转腰而捋发之。但己过则不能发，未到亦然。盖已过则势尽，发亦无能，未到尚难得势也。故以捋发劲时，须全身精神贯之，眼神尤须注视对方，即使对方跌倒，亦须注视不怠，此即十三势行功心解中所谓"劲断意不断"是也。

捋劲在推手中甚为重要，不能捋，就不能使对方前俯，更不能移动其重心，重心不动，取胜难矣。

十六、挤劲

挤者，乃以肱部（即前臂）挤人身之谓也。为推手中主要动作之一，不可过高或过低。挤生于敌捋己之后，故以挤之势足，先须注意任彼捋足，而变挤挤之。挤也可用于人靠之后。但挤不能用手臂之力，须用腰腿劲，加以意气。其姿势应圆满勿生棱角，顶悬身正，沉肩含胸，尾闾收住。上身勿向前俯，免倾重心。若用力挤，则己臂反易为敌借劲。故艺高者能将挤劲贯于人之足部，使人处于背势，身体不得自由，其发可用长劲、沉劲、截劲等。唯初学推手，在四手中，大半缺挤一手，故推手盘拳不甚圆满，希学者加以注意焉。

十七、按劲

按，乃以单手或双手按人身之谓也。按以顺步为得势，否则不易为也。按中有开合之意，并含有由前往后之一纵圆圈。若仅直按，既易失效，而反为人所制。

至按之开合，须手足相应，前进后退，有升降之势。艺高者用按法，以起步为虚，落步为实。虚则为引，实则为发。按须用腰腿劲，加以意气，又须眼神注视，虚领顶劲，然亦不可去之太速，太速反易被人借劲。如能借腰腿之前伸，手臂蠕蠕按出，人必觉累而受制矣。按时须顶悬身正，沉肩垂肘，含胸拔背，坐腰松胯，尾闾收住，上身不要前俯，俯则重心向前，易被捋出，故须谨慎。凡艺高者按人，大都在其真功未发之前，即可让对方势背，自动倾仰跳跌。按之发劲亦有长劲、截劲、沉劲等，尚望运用者随机施之也。

十八、採劲

採，即以手执对方手腕或肘部，往下沉採之谓也。其效用与捋略同，欲使敌人重心已向前时，而乘机使其更前倾。此採非用手，手採则功效小，须用腰腿劲，加以意气。採如得势，能使对方头晕目眩，连根全身採起，根起即可发之。

唯採人不可採两边，因攦採一边，可使对方重心偏于一方，否则反被其借劲而稳定重心。夫採人不可採之过轻，轻则易为所借，故不採则已，採则必须採足，方为有效。

採时己身中正，沉腰坐腿，含胸拔背，沉肩垂肘，气沉丹田，眼神下视。太极拳论中所云"仰之则弥高，俯之则弥深"，即是此谓也。十三势拳架中海底针一势，即为採之用法。海底针之后连以扇通背，是採后随发之意。

十九、挒劲

此劲在太极拳中，不甚运用，故知者甚少，不如掤、攦、挤、按、採、靠等劲，为人所熟悉。然此劲实甚重要，学者不可不知。譬如己在后仰势背之际欲使转顺，即须运用此劲，他劲不能为也。

挒劲用于按或採之后，其用法，一手按住人臂，另一手即用手背反挒人之领际，使人后仰倾跌。如己被人用野马分鬃，至势背后仰至时，即可用挒以转为顺势，反借其势，使之后仰。此艺高者所谓"吃何样，还何样，彼欲使我仰跌，我即以仰跌还彼也"。

挒又分横挒、採挒等法，但均须使用腰腿之劲，而不用手也。用时须注意与对方之距离不可过远，远则无效，故当用步法身法，使之凑合，方为有效。此外，尤须防己内门，否则弄巧成拙，反为人乘隙而入矣。

二十、肘劲

手之击人（包括指掌拳腕），应有相当距离，太远易犯手未到而劲已断之病，过近则势闭，而又不能发。故欲弥此缺点，在距离过近且手不得势时，唯有用肘劲相助。

肘为人之二门，较手为短，发之得势，较手为猛，可直攻人之心窝，可谓毒手。发肘劲须与膝相合，用腰腿劲加以意气，而身体正直，虚领顶劲，含胸拔背，沉肩垂肘，尾闾收住，眼神注视对方，亦为主要条件。

大攦中之肘，含于人攦己时，以肘还击之。推手中之肘，含于分开人手之时，一手执人手，一手用肘击其胸口。

此劲虽属凶猛，然用不得其法，反为敌借势。故用时不可不注意之。

二十一、靠劲

靠乃以肩靠人之胸口，其势较肘更厉。用于己身与敌距离更近之处，处被闭而不能发劲时。靠时己身中正，肩与胯合，不可以肩硬撞敌身，须在己身与敌皮肤稍相接触之际，以腰腿劲加以意气靠之，或上或下，随机而行。至于己之身法、步法，尤应注意。顺步须插入敌之裆内，成丁字形，否则不能得势。

靠在大捋中，用之甚多，故学者极易明了。唯靠时应虚领顶劲，含胸拔背，尾闾中正，眼神注视对方。即使对方已倒亦然。此外，更须防护己之面部，及所靠之手臂，不然一有疏忽，则易为人击面，或有撅臂之虞，故靠时另一手要护于靠之手臂肘弯处，以防不测。能靠则身瘦劲小者，亦可以攻力厚之人，因肩劲较手劲、肘劲为大故也。

二十二、长劲

即柔慢而伸长之劲。用之于己于人手、臂、肘、肩、腰、胯、膝、腿、足或周身各部位均可。在推手中，引拿人之后，将己劲渐渐伸长，发于敌身焦点之上，倘其后化至不能再化时，势必腾出，如遇敌劲阻挠，则己劲须绕曲前进。随其势，勿丢勿顶，有隙则进。斯种情形，若以线穿九曲之珠，劲大线折不能进，劲小遇阻亦不能进，非随其曲弯之势，以巧劲穿之不可。十三势行功心解内所谓"行气如九曲珠，无往不利"一说，即此谓也。

发劲时须沉肩垂肘，尾闾中正，用腰腿劲，加以意气。艺高者用长劲时，或先用截劲，参以长劲，或先用长劲，至敌将出未出时，补以截劲。先截后长，则对方先倒退，退至长劲完时复腾出；先长后截，则对方先腾出，后倒退。因先后所发之劲，咸蓄于敌身，先入后出，后入先出。譬如弹簧，旋之愈久，则驰亦愈久，旋之愈暂，则驰亦甚暂。非驰至尽处不止。夫太极拳之奥妙，即在于此。故练习太极拳者，长劲不可不知也。

二十三、截劲

一名刚劲。用于手、臂、肘、肩、腰、胯、膝、腿、足，或周身各部位均可，其运用全在引人落空，将知而不能变化之际，随即对其中心发之，故其势速而促，被击之人跌势甚猛。发时应虚领顶劲，含胸拔背，沉肩垂肘，尾闾中正，敛气凝神，用腰腿劲，加以意气，眼神注视对方，即使对方已倒亦然。

此劲发出，有弧线及直线两种，随势应用。初学者欲用之得法，固非易事。

二十四、钻劲

即入劲，用之以指或拳。其用于与人皮肤相触之时，如钻之入木，旋转而入。此劲甚为勇猛，可以击伤人之内部。用时含胸拔背，沉肩垂肘，虚领顶劲，气沉丹田，全以意气发出。此劲亦可破人内功，如气功闭口功之类，确为太极拳之专长劲。但用之地点不合，即易伤人。初练者可不必深究，以免伤人。故本篇亦从简而言。

至于此劲之练法及发人之何处穴道，非经名师口授心传不可。

二十五、凌空劲

此劲异常奥妙，近于神秘，而非目睹者所能信，实乃一种精神上之作用而已。艺高者发此劲时，仅须口中一哈，对方即双足离地而后退。盖因被发者，精神已为发者所吸引，无可抵抗。然被发者必须先知沾黏等劲，一哈之后，即由感觉而后退，否则发者无效。此劲虽奥妙莫测，但学习者可不必深求，仅作游戏观可矣。

相传昔时杨建侯、少侯父子，能吸引烛火近尺，一手隔之火光即熄，即凌空劲中之一法。唯此功夫今已失传云。

以上为太极拳之主要之劲，或黏，或走，或引，或化，或拿，或发。此外，尚有拨劲、搓劲、撼劲、卷劲、寸劲、分劲、抖擞劲、折叠劲及擦皮虚灵劲等，种类甚多，因非必需，故从略。

总之，功夫先练开展，后练紧凑，紧凑得法，再研究尺寸分毫，由尺而寸、而分、而毫，达乎缜密，乃不动而变。至于用法，能懂、能化、能拿、能发后，太极拳中任何一式，或另一种散手法，或以至少林拳中之一着，均可参入应用，只须分清外门、内门，上中下三部，得机得势，随意运用，不必拘于一式或一法也。学习者如欲求各劲彻底了解，非由高艺名师口传心授不可，本编仅述其大要耳。

——陈炎林整理《太极拳刀剑杆散手合编》

田师口授心要

一、与敌沾手时，无论何处，（只要）对敌中心，即可用截劲打去。

二、腿有明腿，有暗腿，（暗腿）亦谓之黑腿，须手足相随。

三、敌拿我之手臂，以圆圈化之，须变动步法。

四、掤捋挤按，每手中有五个劲，所谓借化入截沉是也。

五、云手有阳手，有阴手，（阴手）亦谓之偷手。

六、圆圈以尾脊骨为根本。

七、化劲，或以大圆圈化之，或以小圆圈化之。

八、截劲，有弧线，有直线；入劲，如钻锤；借劲，引彼之劲，还彼其身。

九、拿人必须拿其活节处，如腕肘肩是也。

十、敌拿我时，即以臂肘付（对）其心掤（击）之。

十一、野马分鬃（运行前）有搓球之意。

十二、捲劲，须先以五指按人之心，即捲成拳用入劲，进退步宜略腾起，不可直移。

十三、挒之中，小圈即可放之；按之中，有开有合，开合须手足相应。

十四、推手时，前后步略腾起。

十五、小架一落步为实，起步为虚。

十六、採人不可两边分，稍採若敌起时，即进打之。

十七、揽雀尾，以左手沾之拳，右足随进，右手虚击，若人一动即放之。

十八、敌挒我何处，即随之以小圈化之。

十九、见劲速出，须气沉丹田。

二十、用劲如抛物。

二十一、随曲就伸，人屈则随其屈以放之，人伸则就其伸而放之。

二十二、放人时，臂要直，不宜屈劲在两臂如九曲珠，旋转自如，放人时，即成一大珠。

二十三、散手亦须黏随。

二十四、靠时拳往下有入地之意，眼往上望，（劲）即出矣。

二十五、右手挤，进右步；左手挤，进左步。如不进步，须将臂挒直，对其后肩挤之。

二十六、按以顺步为得势。

二十七、人挒我时，即全付之，随之以靠，或与之而化回，须腰腿灵活。

二十八、人靠我，随松腰腿，按之以挤，或松腰按其肩拿住，然后放劲，放劲须腰腿相随，人挒过去，仍可搬肘。

二十九、以退为进者，似退而步已进也，步进然后能拿人。

三十、人挤按我，非坐腰胯不能化。

三十一、人挤我，撤前步，易手以挤之。

三十二、人挤我，吾手在彼左手之外，即托其肘，回翻放之，转腰即可，左手亦然。

三十三、化皆着手，略松动，一挒带握，敌臂在下，我臂在上，乃利，彼如上翻，即向下一沉。

三十四、沾在何处，暨（在）何处沉劲。

109

三十五、注意推手时，手不过膝，过即不拿。

三十六、水上踩葫芦是一个劲，只管前进是一个劲，轻提前进是一个劲，沉拿是一个劲。

三十七、在发之前须有拿，在拿之前须有引，在引之前须有化，在化之前须有掤。

三十八、化劲须顺人势，过快敌劲易生中变，太慢仍不能化去。

三十九、化得好，才能有发劲机会，及到即放，其劲要整，要沉着。

四十、攻人全在得机得势，机未到，不当攻。

四十一、掤劲极为重要，靠劲先要化得合法，靠时要快，要有一定目标。

四十二、发劲沉且长而震动全身者，其劲刚柔俱备，所谓阴阳相济者也。

——施调梅著《太极拳谱内外功研几录》

（四）李雅轩先生推手散打论述

一、推手一定要放松软。但也要提起虚灵的精神来，盖有虚灵之气势，才能应付不测之来手。初学推手者应养成也。

二、务要在这个"灵"上注意。如有充实的灵感，虽在未接触以前，只用眼神一望，就以神气与其接触上了。与其黏在一起，就不必一定等对方的手接触上再黏上也。

盖如在真的比斗时，彼此之动作是很快的，如等接触上再拿主意，那就晚了，因为在比斗的时候，是不会有那么充足的时间、很好的机会的。

三、柔柔化化走走的推法，是平素练推手的基础的练法，如比推手时的推法就不够用。

四、与对方推手，如其根基稳固，手上又有柔劲掤力支着，不让进身，如在这种情况下用些硬劲、发劲打他绝不行，就必须以腰脊之动为主的动作大轮大转地动。

五、如某某之推手，就是用这种有根基的劲。但是他这种劲，只是与他自己教的人推有效，如与生人推手，绝不适用。因为他是要将人拿着再发，或是将人闭着再发，如与生人推手，就决不会给你这么好的机会也。

六、未从出手，要持以虚无的身势，然后以轻妙的手法虚虚地找他几个。如对方有高深的功夫，我还不容易走，那就用松沉的手法，丹田沉甸甸的劲道打他几下，或是用大开大要大轮转的劲道将其耍动，再以沉弹之力找他的肩部将其弹出，盖大松大软大轮转的动作能将其根基摇断，故可将其打出也。

七、在推手方面，化劲为第一要紧。高深的走化功夫，是以神走，以气化，是虚无的气势，不是有丝毫的实质的力量。用虚无的走化功夫，使对方找不着实地，他虽有好的发劲，也打不出效果来。如此，则我的两手两臂有松软沉重的弹力，就一定可以将其打出去。

在发劲之前，身势要虚灵起来。万不可呆板，以虚灵的身势去试探他，见可发劲时发之，不可冒失发劲。

八、凡推手，如对方又硬又固又支，当以如何的力量打之？要用揉挫之力将其揉散，使其重心不稳时找侧面打之，则一定有效。

九、无论推手或练拳，都必须在轻妙上、虚无上、用神用意用气上下功夫，不能长期地找柔扭的初步功夫。

歌曰

太极拳术妙无穷，深沉大雅气势雄。
稳静安舒无限美，奇特动作在无形。
轻妙绝伦虚无势，柔曲百折气化功。

又歌曰

两臂松软多沉重，神气透顶有虚灵。
全凭无为有妙用，奇特变化无形中。
陡然丹田神气动，势如强弩透其胸。
是有心雄豪横气，出手方能望成功。

十、1962年，我在体育场司令台上与各人推手的方法，效果很好，以后要好好地记着。这个方法是两臂大松大软着，以腰身大开大散的身势去推。这种方法，可以使对方站立不稳，重心失掉，而后打弹力将其弹出。这种打法，将对方打出并不费力，以后可往这上头用功研究。

十一、在发劲之前，胸中先要有一急，先要有一豪横的气势。在蓄劲时要满满地吸一口气，发时心中一急。陡然将劲打出，这样劲去才充实，不然就效果不大。

十二、松劲、丹田劲、冷弹劲、陡然劲，这些劲打去能入里透内，能使对方跳出、蹦出，能入其内透其里，能打远、打毁，顷刻致命，能使其惊心动魄。这种劲又松又沉，又冷又快，来之不觉，去之不知，能打人于不知不觉之中，非一般之发劲也。

之所以能发出这种劲来，是平素练功松着劲练的，是松着劲拳意练上了手的关系，否则是打不出以上的劲来的。

所谓松，是自然地松，而不是故意用压力。在练功时，全心全意地想这个松字。天长日久地想，真正地松了，才能做出真的松来。有真的松，才能打出以上的劲来。如练功时，心里想着一个刚柔相济的观念，那一辈子也练不到真松来。盖全心全意想松，天天用功，还不能将身体练松，如心里时常着一个刚柔相济的观念，那保证一辈子也练不到真松了。

十三、拳不管用，是无变化。劲不入内是松得不净。劲去不充实是无丹田气。劲去打不出人去，是打的方向部位的问题。劲去先被人知，是明劲未去净；劲去被人化掉，是去得不陡然、不冷快；劲去威力不足，是内劲不够。

十四、在发劲时，要冷快，要有决断，要充实，要沉弹；在动作时，要有灵机，要有心劲，要有豪气。

然而虽有这些劲道，如遇有好的柔化力的对方，还往往劲去打不出效果来，何况无之。这必须时以冷快的沉劲打之，方可使其化不掉。

发劲歌

虚无巧妙把劲蓄，身势含虚藏妙机。
陡然鼓动丹田劲，摧毁敌人一瞬间。

（一九六三年十月）

散手发劲歌

杨家太极拳，神机妙多端。
精析细微处，不同一般拳。
稳似泰山重，快如闪电般。
惊心动魄处，使敌气息断。
此劲如何有，杨家传给咱。
尚须朝夕练，刻刻在心间。

（一九六三年十月）

十五、发劲的时机，是在二人互动之中赶送到手上来的，而不是如某之发劲硬拿，硬逼着做出来的。

十六、杨家太极拳推手。是松松地、轻轻地、虚虚地去跟之随之而动，不是如某之推手硬拿硬卡的。

十七、在对方尚未觉察之中，已经造成发他的机会了，如对方想脱开这种形势，已是不可能矣，如此就非打出去不可也。这种劲是我自己找出来的。在推手互相周转中，已找到发他的机会，顺其来劲一动，便可将其发出，这不是硬捉硬拿。如某之发劲将对方拿着再发，是不够好的。

十八、在推手基本的功夫上，一定要注意不丢不顶，但不丢不顶不是一件容易的事。这一要身腰气势有大的伸缩性，二要手上有灵机，听劲准确，有未来先知之感，如此才能做大走大化，丝毫不丢不顶。如做不到这些便是胡顶乱撞，那就无太极拳意义了。

十九、在发劲时，一定要将两臂松得沉甸甸、松软软的，这样才能打出松沉入里透内之劲来。不只是松沉，而且要配合沾黏手的灵机。如无灵机，那就成某之发劲，只可是友谊地推，不可以见真仗、真比真打也。

二十、在发劲时，务要注意叫腰脊上的力量往上拥、往上送，不只是在接触点上那一点的力量。在发劲时，一定要全身上下内外一体绷开、撑匀，成为一体。

二十一、每出手，两臂两手要极其轻妙柔软，灵感虚无，不能有丝毫的笨滞傻呆气象。

见手来，顺势而走，玩弄身腰，以做到丝毫不丢不顶，微屈宛转；利用呼吸以做出虚无走化。以心行，以气化，以神走，无论对方以什么手法来斗，我都可以顺其来势，以虚无身势将其化掉。以后可放开心胆在这上头下功夫吧，这种功夫百试百验，不要再有任何怀疑了。

二十二、太极拳是无形的功夫，练太极拳应在虚无、无形上找，在意思上找，方是太极拳的真味。如在形式上找、明劲上找、招法上找，必致越找离太极拳的味道越远，此学者不可不知也。今有些太极拳家，自以为是老底子、老架子，但在练功时，跺脚蹦蹦的，打拳咚咚的，总之是一时的用劲、硬劲、明劲，没有一点柔软的味道何也？

二十三、有了练拳的功夫，有了推手的功夫，还不够用，还要经常地练习散打，练习比手，练习动作灵快，练习眼神锐利，练习冷、狠、准的发劲。不如此不足以对付恶毒的坏人。

发劲歌

神舒体静一身松，脚下稳固不倒翁。
行气九曲无不至，妙在心意动无形。
精巧化掉千钧力，因敌变化显奇能。
蓄而后发如放箭，松沉冷快透内层。

打手歌

退圈容易进圈难，不离腰腿肩肘间。
脚踏黄泉神贯顶，全凭脚跟尾闾端。
要有胸中豪横劲，所向无敌非等闲。
要如水磨摧急缓，风虎云龙像自全。

二十四、气势虚无，变化神奇，大门敞开，毫不拒挡，才是太极拳。蓄劲如开弓，发劲似放箭。陡然放出去，使人看不见。

二十五、关于劲去效果问题。

有时用劲不大，反而把对方打出去了；有时用劲很大，反而把对方打不出，是何原因？

关于这个问题，可见用劲不是大小的关系，而是用得早迟或长短，或是方向，或打的部位的问题。如以上这些问题都适当了，虽是用劲不大也可以把人打出，否则用大力也是白费。这和用兵一样，在于主将有奇特的计划，不在于兵力的多少。

今日与陈龙骧打手，我完全是用轻妙灵机，无变化的方法，讲虚无气化，效果很好。以后与人推手要注意今日的情形，万万不可再讲蛮干、硬力、笨力了。

以上这些问题，要很快地传给别人，但是很不容易有适当的人也。一要对方有适当的功夫；二要有悟性、有灵感；三要口传心授，耳提面命，心领神会，而不是几句话，或是用笔就可以表达出来的。

二十六、无论练拳或发劲，均须先把身势放得一松百松，不这样子，身势就不能随心所欲。意念去了，气就去了，劲就到了。使对方在不知不觉之中就被打上了，其轻快适时之处可以想而知之。如这样的快，皆是身势放松软而有的，否则办不到。

发劲要先有听劲的功夫，听劲全靠手上的灵机，这个基础是在平素练拳时养出来的，如无此基础，就做不好听劲的功夫。听劲靠灵机，发劲靠丹田，靠脊背，靠心意气，要用丹田之劲和周身之劲。在不发劲时，身势是虚灵的；在发劲时，脚要踏实在。

如在不发劲时，两脚死死地踏在地上，那身势就不灵活，不灵活就不能随心所欲地变换身势步法了。

如在用时，劲要一下子沉到脚下，这样子劲去才充实。

身势有时灵活，有时实在，这就是虚实的变化，不然就是虚实不清。李某某的功夫，有一种腰腿上的柔扭劲。这种劲也很有用，很沉着，但是只可打初学的手，如对有灵感的手是一下子也用不上，因为武术贵在灵敏轻快，如只凭点沉劲，那就不够用也。

太极拳的发劲，要缓有缓，要快有快。缓时来得非常合适，要快能在一秒的百分之一的时间中可以令人在不知不觉中被打出，这谓之来不知去不觉，打人于不知不觉之中，使对方无法防备。这不是一般的筋骨肌肉收缩得快，这是神经灵感机动，故而能如闪电样奇快无比也。

在不发劲时，轻妙虚无若无所为；在发劲时，惊然劲到，令人惊心动魄。冷狠脆准，无坚不摧，才算太极拳。轻如鸿毛，重似泰山，虚实变化，莫能想测。

不要忘记吾们是轻捷的功夫，绝不可与人抗顶力，无论在什么情势之下，吾们不要忘记用轻灵软弹之冷劲，用虚无的气化功夫。这是要紧的。

在推手时，要轻轻地拿，轻轻地摸，轻轻地对正、对端对准。发劲时要以腰上的力往前纵，往前放，绝不可以硬劲去捉拿，如崔某某的手法是不对的。

崔某某之手法是拿好发劲，董某某的发劲是揉挫的手，此两种均不好，只可以友谊推手，不可以见真比斗。

我的推手，是大走大化，在虚无走化中，用腰用胯用冷弹，可以随时随地变成散手，比较实用。

二十七、每出手要有虚无的气势，但这种虚无的气势，不是以两手两臂做出来的，而是以腰身和神气做出来的。

就算比手时，也是这样的出手，有虚无的气势。不过在比手时，动作要冷快，要狠、准、脆、稳，心中要有必胜的决心。

二十八、发劲。

1. 在发劲时，脚下一定要认端的才有根。

李某某之发劲也有可取之处，不过他的缺点是同崔某某一样，拿着了再发劲，他的优点是有充实的内劲。因为是拿着了再发，如遇轻妙的好手就拿不着，就会失掉了作用。

2. 如在推手时，一要有大空虚，二要身腰柔，三要发劲沉，四要神气足，五要劲能入里透内，六要来得奇快，如触电样令对方不知，七要有惊心动魄的功能。有打倒、打坏、打远之功能，有惊心动魄的效果。

3. 崔某某之发劲，在松弹这一方面来言他还可以，因为他有点沉味。但是他的缺点是来得不灵快，他要拿稳了再发，如是比斗就没有这样的机会，人家不能等你卡好、夹好、箍好再发劲也。

4. 杨师之发劲，打去松沉软弹，有透力，有将人胸部之骨架打垮打塌之可能，透内之力惊心动魄，有令人万分恐慌之感。如这种劲打来，无论你有多大的力量也是抵抗不了的，杨师之拳的奥妙就在此，我当好好地想想，否则空有太极拳专家之名也。

5. 在发劲时，要用身势整个地往下一沉一压，将周身之劲挤到对方的身上去，这样的松沉劲的发法，可以将对方打得跳起来。以上可用心细细地想想，否则得不到……

6. 在推手发劲中，要细细地想如何才能运用腰脊，运用腿上的动势。这是要紧的，至于两臂只是听着劲跟着去就是了，不要以两臂推动，不要以两臂挺力。如此对方就不容易察觉，也不容易化掉。如是两臂先用上力去，这就很容易被对方察觉并被化掉了。

7. 每去手，当先松软着去，以察其变。如察觉对方有变的动机了，在这个时候，要顺着他变的机势、变的方向打之，无不生效。在去劲时，心里要一急，以松松之劲打去无不效也。

二十九、说劲。

1. 打按劲要隔着对方的胳膊就能透在他的胸内、胁内、五脏内才算够劲，否则是功夫不到。

2. 打挤劲也要用松沉之劲，能隔着对方之胳膊透到他的胁部内里去。

3. 打掤劲一定要将自己的肩肘松开了，叫他如按在车轴之上找不着一点的实地可用劲。

4. 打捋劲不可用力往下压对方之臂，要以虚灵之手法轻轻地摸着对方臂上的皮毛，顺势往怀里化。

5. 打採劲不可先抓牢再往回採，要轻轻地去手，然后连抓带採，成为一个劲的动作。不可先抓后採，也不可先採后抓。

6. 打肘劲一点就行了，这样才容易透过去。

7. 打靠劲要松开肩，用气意将肩头抖上去，向其一碰，要来得快。

8. 拳有六个用法，掌有六个用法，以后再谈。

凡人都有自卫的能力，如没有自卫的能力，自己不孝的儿子也会来打骂欺负你。何况他人，故武术不可不练也。

三十、推手发劲。

1. 在发劲时，要有神气的鼓荡，又要以腰脊上的动力，不是以两手两臂先用力，腰脊上的力量后去，那就打不好。

2. 架式不宜太大，否则身势脊梁上的劲用不上。

3. 两手、两臂、两肩要松着劲去，不能先有支力。

4. 不能找人打、赶人打。不能捉、拿、擒，打人的机会，是二人动转之中赶凑到手上来的，才能发劲。送到手上来的，能发劲。如找人打、捉人打，硬抓硬拿，那是唯心，是主观，不是客观，不是唯物主义的用法。所以太极拳论说彼不动，己不动；彼微动，己先动。顺势借力，不丢不顶也。

5. 发劲时，要估计得稳准；发时要以腰脊之力，丹田之气，劲要来得足，来得冷，来得巧妙，及周身配合得恰当。

6. 切记：斗智巧斗灵机，斗心气，不斗呆板的僵劲硬力。太极拳的用法，是不抵抗，这叫作不顶，但也不丢离。要以神气将对方黏连着，万不可顶。总之，随机应变，才能变化莫测。

7. 有时喜悦可亲，有时又庄严以极，有哼哈呼吸，也有喜怒不定，总之是虚实变化之兵不厌诈也。

发劲时，有时需要来得暴，来得猛，来得急。如这种劲，是需要松、沉的一种丹田的震动力，如无这种震动力，打去效果不大。

有的发劲，是要用一种先去缓和的劲，然后再用急如闪电的爆发力、弹力，这全在以对方的情形而定，不能以定法而用也。

8. 出势一站，要有千变万化之灵机，莫测之动作，使对方感到有神圣不可侵犯之气概。如出势呆若木鸡的情形，那就是传授不高，速求明师指教可也。

9. 如对方出手有硬力，其动作必迟，好对付也；如对方出手转变灵动柔软，我就要特别注意。

10. 对方笨重有力的手法，要用轻快灵动变化的手法去打；如对方是轻快灵动的手法，要用冷、狠、脆、快的手法，不能用一种手法去打也。如医生之用药，什么病什么药，用错了药是不行的。

11. 练发劲要时时有对手，如只凭空想不行，凡事必身临其境地去研究，不能抽象地空想也。

三十一、推手的功夫，一定要在沾连黏随、不丢不顶上下功夫，才是正道；一定要做到能顺势借力，这是个根本功夫。如不在这个根本上努力钻研，而只是在每一手、每一势上推求，就不是太极拳正当的办法了。盖太极拳是万法归一的道理，这个道理是不丢不顶，顺势借力，人刚我柔，沾黏连随，随曲就伸，无微不至。如把这个功夫练到手，就能应付万变，无不恰到好处。如不在这个根本道理上用功，那就枉费功夫，练不好的。

推手是用这个方法，散手也用这个方法，一切打法、斗法，比手比武等，皆用这个方法，绝无二义也。一切总在沾黏连随上下功夫，日子久了自有妙用。

三十二、谈劲。

1. 关于找劲，一定要有虚灵的感应。否则找不到对方的缺点，也掌握不好发劲的时间。

2. 以后要在找劲方面多下功夫。

3. 在未发劲之前，胸中要先有松沉的思想，有入里透内的思想，如此打出劲去，才有入里透内的功能。如思想上根本没有这种想法，其劲发出也绝不会有这种效果，此理不可不知。

4. 发时要以神透，以意透，以心透，以气透，这四种思想要心里先有，否则绝做不到入里透内的功效来。

5. 以上这四种思想都有，打出劲去才能收到这种效果。在我所知在练太极拳功夫的人中，只有杨澄甫老师才能做到，未见有其他人做到，这是杨师太极拳独有的风格。如某某等人，只不过是知道点松沉之劲的意思，他们还未找到入里透内的劲道。

三十三、说对手。

1. 在对手时，务要先持以虚无灵机的气势。俟其来，审情度势，顺势借力以应之，沾连黏随以跟之，在几跟几随之中，他的一切则被我掌握，则无不胜矣。

2. 对手之时，不一定要抢先下手攻击，否则怕被对方找着我的破绽，这是太极拳"彼不动，己不动"的道理。

3. 在发劲时，要趁着对方之动作形势而去，不可盲目地硬闯。

4. 虚实是比拳的重要技术。在去劲时，劲大劲小，劲软劲硬，要细微地估计恰当，如果乱动，就被对方有机可乘了，此不可不慎也。

5. 在对手时，全凭随屈就伸的灵机变化，可以使对方扑空捉影，英雄无用武之地。在攻时，冷快绝伦，令对方无从抵抗，打他一个傻眉瞪眼，被打上还不知是如何一回事。

6. 在打斗时，一定要提起神来，拔起背来，顶起头来，如鸡冲斗，马赛跑。把脖子拔起来，否则定迟滞不灵之虞也。

7. 在平素练功时，定要本着行功心解老论去用功，不要怀疑，以俟功夫有了，一切用法会恰到好处。

三十四、说初学发劲的方式

1. 与其挤拢来，以我之柔挫之劲进逼人，俟其站立不稳时乃发之。

2. 在与对方大推大化大轮转之中，侍机用我的松弹之力将其弹出。

3. 以虚无玄妙的手法与其周旋，得机时，以冷快绝伦的劲将其打出，这叫拳打人不知，人知非好拳。

三十五、说推手

1. 如遇对方有功夫、有稳力、有柔力，如贸然地发劲打去，往往打不出效果来。在这种情形之下，必须先用虚柔之手以晃动，出虚手以惊动，俟其身势散乱，然后发冷快绝伦之劲击之。此劲起于陡然，使其来不及防守，此劲来得松沉陡然，能透其内部。

2. 如二人推手已升级到散手，在热闹紧张之际怎么办？

这应以虚无变化，神鬼难测，冷快绝伦，来去不见，迅雷不及掩耳之势，无坚不摧之劲打之。

3. 在推手时，务要先以虚无之气势手法去摸索他，找他的缺点，找他的实地。如找到了实地，摸准了部位，才可出劲打之。如他是懂劲的。就不会使我摸着他的实地，早给我空没了，在此情况之下，绝不可冒失乱发，应耐心摸索，直到摸着了实地再发才对。

——陈龙骧、李敏弟编著《太极拳法精解》

（五）汪永泉先生推手散打论述

总　论

一、武德为先

学武术首先要有武德。武德为先。

学拳不求名利。

学拳就是行道。道是一刻也不能离开的。如果能离开的，那就不是道。

二、杨式太极拳的特点——舒服、得意、大方

杨式太极拳的特点是舒服、得意、大方。

练拳要道法自然，听其自然、任其自然。不能"揪着心""拿着劲""端着架子"，周身僵滞、不自然。不能被架子束缚住，不要太拘紧。

杨澄甫先生说："开，要舒服；合，要舒服。"

起点要舒服，运行要舒服，终点要舒服，变换要舒服。

练拳要自己练着舒服，别人看着也舒服。要全身无一处僵滞，无一处别扭、不得劲。

练拳要全身放松、神舒，心情放松，悠然自得，自我欣赏，自得其乐，安逸、得意、心里美滋滋的，面带笑容。自己感到心里美，别人看着也美。

练拳要舒展大方，要稳、慢、匀，要先求开展，后求紧凑。

练拳如在水里运行，下半身在水里，腰在水面，上半身在水上，有漂浮感。手在空气中运行，没有阻力，手如在划拉空气。

三、路子正，方法对

学拳要有正确的指导思想，这样才能路子正、方法对、见成效。这样看起来好像慢，实际上快，能得到真功夫。有的路子、方法，也许看起来一时能见点成效，但有局限性，到了一定程度，就难以进步了。这样实际上是慢。

杨式太极拳属内家拳，注重内功。

学太极拳不要夹杂非内家拳的练法。不是说其他流派拳不好，无论什么拳练好了都好。但各家各派有各自的特点，有各自的练法。把不同的练法夹杂起来学，是学不好拳的。

老师是给学生指路的。学生走岔了路，老师要帮助他归正路。路得学拳的人自己走，功夫得自己练。

四、内劲是神意气的化合，不是神意气的集中

内劲和力是两码事（不同的事物）。

内劲即太极劲，是神、意、气的化合，不是神、意、气的集中。

一般理解，所谓劲，是把本身的神、意、气集中到一点上，再把这个点运用到某个姿势上去。经过长期的锻炼以后，就会逐渐扩大增长起来，变成一种力。这种力是经过锻炼取得的，是后天之拙力。这种力形式大、动量滞、变换迟、动的去路直。在技击方面用起来，因身形动作大，运动量较强，影响内气的波动，易于浮躁。这近于长拳的练法和要求。

初练太极拳的人觉得太极拳的练法与上面的练法相似，其实不然。如果按照太极拳的理论要求，经过一段时间的锻炼，逐渐把理论与姿势结合起来，就会很明显地感觉出来，上面的练法和要求是与太极拳不同的。练习太极拳的要求，是把本身的神、意、气化合归一，融合在一起，形成一种轻灵圆活之劲。这种劲是以气、意混之为主。它的本质是气，对它的要求是空、虚、散，而不

是集聚的。这就是太极劲，又叫做先天劲。这种劲与姿势的关系，是利用身形手势，给这种劲开出去路，指出方向，使它能自然畅通，输出无阻。这种用法只是在应敌时一现用之，切勿在练拳时随意输散，以免致伤身体，影响养生。在运用时不要把它直接贯穿到某个姿势上去，而产生劲端。否则在应敌时遇到强力就会使内气返回本身，致伤身体。

五、练拳主要是练神、意、气

内功是神、意、气的化合。神、意、气是结合在一起的，神到、意到、气到。

眼神到，意气就到。神集中的地方，意气也集中到那里。练拳主要是练神、意、气。

盘架子是神、意、气的运行。明了这点，才知道应该如何盘架子。

神、意、气运行走虚。

1. 神，指精神

神为帅。练拳要提起精神。精神不能萎靡不振。

精神要集中，不能涣散，但也不能过。

要神舒，要心情放松，不能紧张。

神体现在眼神上：神聚于眼，目光四射，炯炯有神，威而不猛。

眼睛一般平视，眼神要与动作主要手的方向保持一致。

眼神不能注视、凝视，只是"瞧着点儿"。

眼神不到位而动，谓之妄动。

养生与技击的练法，对眼神的要求不同。养生练法要求神内含，蓄而不露。定势后，眼神不要再向外扩展延伸，只要到手即收回；技击练法要求眼神看得平远，有放、有收，不能只放不收，否则要伤内气。

2. 意，指意念

意念要真。意念不能过重，过重则滞。

又有意、又无意，有意无意之间是真意。

用意不用力，用意则通；用力则意气受阻，不通。

3. 气，指内气、元气、先天之气，不是指空气

要培养内气，使内气充实。松、散、圆，能涵养内气。

意、气运行要舒缓自如，通畅顺达。不能憋，要找出路舒散。

意、气运行要连绵不断，不能骤停、中断。

没有内气供给的外形动作叫"妄动"，那只是抡胳臂、踢腿，不是打太极拳。"内不动，外不发"。内气催动外形动作，不能外形拽内气的供给。

六、注重"养"，避免"伤"

练拳要弄清楚什么是"养"（内气），什么是"伤"（内气）；怎样练能"养"，怎样练则"伤"。练拳要七分养，三分练。

要以意行气，以气运身。用意则"养"，用力则"伤"。

练拳要以内气支配姿势，不要以姿势拽内气。这样不仅锻炼增强了筋、骨、皮，同时也培养、充实了内气。对于"养"，很有益处。

在姿势配合内气开合时，主要不要因姿势的开合使内气波动太大。在任何情况下，要始终保持内气的舒畅、自然、开合自如。

要动静相宜、阴阳相济，才能"养"。在运动中虽动犹静，虽静犹动，总要舒服自然。

练知己之功，要求：松、散、通、空，培养内气，全身透空，能够百病不生，延年益寿。

真正做到完全松了，就能"养"，就能"有"（内劲）。

松圆就能"养"。

内气不能憋，要散，散成空虚的气球。

通：养生练法是神意气内含，不外泄。意气只通到手心、脚心，不通出体外；技击练法是神意气从手指通出一到三尺，注意不能只通出而不收回，必须要收回体内，否则就"伤"。要把通出去的内气画个弧，沿原路收回体内，再画弧通出体外，循环往复。这样内气、外气交换，则能"养"。但功力不高的，往往收不回来，打完拳感到心里空荡荡、疲倦乏力，这是"伤"的表现。到了练拳的高级阶段，无论养生和技击练法，内外气交换，都有利于"养"。

眼神的放和收，也关系到"养"和"伤"。技击练法要把眼神放远，但是一定要收回，有放有收；只放不收，则要"伤"。养生练法，眼神内敛，内视丹田或平视，视而不见，眼神可不必跟着手的动作走，这样有利于"养"。

每个姿势在运行时都要不即不离，不追、不贪、不过，不要超过自己的气圈范围，不要勉强做自己体能难以达到的姿势要求，否则要"伤"。运动姿势以舒服、自然为要，以利于"养"。

七、性命双修

练拳是性命双修的功夫。修命：养生；修性：技击。

练拳不外乎阴阳、虚实、开合而已。不外乎动、静。"动中求静，静犹动""久动必伤，久静必馁"。

修命：所谓静者，即锻炼时，思想上保持平静，专心致志，不想其他，精神统一于此，消除杂念、封闭耳音，不受外界干扰，保持安静、平衡、坦然、自在，此谓之修命。

修（养）性：动是人生之必要。大部分人以技击为目标。把技击的姿势与招术学精通后，知而不用谓之修（养）性。

修性与修命要平衡。练习拳架，日久自然有很大收获，就是偏重于修命了。总之，要性命双修，保持平衡为要。

八、太极拳功夫有两个部分——知己之功和知彼之功

知己之功：培养自身内气之功。具体功法是：松、散、通、空。知己之功也是养生功，练知己之功最主要是"得太极劲"。

知彼之功：把太极劲用于对方身上进行技击之功。具体功法：听、问、拿、放。知彼之功也称技击功，练知彼之功最重要的是"得中"。

有知己之功的基础，才能练好知彼之功。知己之功难练，知彼之功相对较易。

练太极功夫要七分练知己之功，三分练知彼之功。

九、养生与技击——两种不同的练法

练太极拳，要先根据自己的年龄、体质、性格、环境和练功的发展，确定正确的目的。老年人练拳多为延年益寿，年轻人则要求技击。慢性病患者练拳为治疗疾病，这也属于养生一类。病好了以后，也有改变了目的，追求技击的。

现在流传下来的太极拳，内容非常丰富，若经常练，对身体确有很大好处。凡是练太极拳的人，都有一定的要求，因为要求不同，所以练法不同。例如，养生和技击这两种不同的要求，就有两种不同的练法。在练习时必须把这两种练法分清，否则就会在养生练法中求技击，或在技击的练法中求养生。这样练下去，不但达不到目的，还会起到副作用，走向歧途。

杨式太极拳的老前辈初到北京时，教前清一些子弟练太极拳。技击的练法不合适，只教了养生一套练法，而把技击的拳架教给自家的子孙和徒弟。以后社会上所流传的杨式太极拳就是养生的一套。但有些人忽略了内功，只追求外形。有些人要用养生的拳架去练技击，把太极拳练得走了样。这样既不能很好地养生，也不能用以技击。当然在一定情况下，也可以用以技击，但用的只是招，没有术。

现在流行太极拳架的每一个姿势、动作，本来都是应敌之招。在理论上也不外乎如何使用招与术而战胜对方。所以，通过一个时期的练习便自然走向技击的途径。就养生的意义而言，太极拳这套技击的套路中，也包括养生的一面。要想在技击的套路中找养生的练法，就必须把技击与养生两种不同的练法

分辨清楚，否则就不能达到自己练拳的目的和要求。

练拳有技击与养生两种不同的练法。学练者要考虑自己身体的强弱，是否患过慢性病及病的类型等情况，采取不同的练法。在练习养生的拳架当中，如果还有技击的身形、手势，则本身的内功（神、意、气）就得不到舒适通畅，内气也就得不到增长，达不到养生的目的。练技击的拳架如果没有充实盈满的内功配合，技击的身形、手势就得不到轻灵变化、得心应手、运用自如。这就说明技击与养生是分不开的。但是在锻炼时，先要分清练习方法，然后再结合到一起，才不致有"伤"。

为什么拳架套路中没有把养生与技击详细分开来学？要知道，在练习时一动之中就有技击与养生的练法，所以必须先懂了理论，自己在练习之中去分析。只有在练习中去找，才能得到要领。

老年人练太极拳，一般以养生为目的，练养生架子，即太极拳的养生练法，也叫养生功。学练的内容，是知己之功。老人练知己之功，同青年人以技击为目的的练知己之功，练法上有所不同，需要特别注意以下几点。

思想上要明确自己的目的是养生，学练中要坚守这一点。要毫无迎敌之意，不要自觉或不自觉地夹杂着技击的练法，追求技击功夫。切忌和不懂内功的年青人去揉（推）手，否则以力对力、互相顶牛、较劲，要伤内气，不利养生，有害身体健康。

练养生架子要注意培养内气。要弄清楚怎样能"养"（内气），怎样练则"伤"（内气）。要善于"养"，避免"伤"。

要全身放松，无一处僵滞，松、散、圆就能使意气得到静养。最重要的是"心气"放松，排除一切私心杂念，追求"无"的境界。要怀着休闲愉快的心情练拳，不要自己和自己较劲。

神、意、气内含。内含不是聚，只是不通出体外。意气运行从"中心""达于四围"，到手心、脚心为止，再从手心、脚心回到"中心"。手脚有气感就可以了，眼神要平视，要"视而不见"，不随手的动作走；或内视丹田。眼神不能远放，更不能只放不收，否则易"伤"。

注重神意气运行通畅。要"以心行气，以气运身""用意不用力"，切忌用拙力，用意则"养"，用力则"伤"。练拳要使内气依靠外形动作得到舒畅而增长，外形依靠内气供给而舒展。二者互相配合而养生。要以内气支配外形动作，不能以外形动作拽内气的供给，感到内气不够用，就不要强求去练。在任何情况下，都要保持内气的开合自如，运行通畅顺达，不能因姿势的束缚而使内气运行受阻不畅。

在练习套路时，在外部动作上要注意每个姿势都要不追、不贪、不过、不散。如果违背了这四项要求，就会使姿势走向极限或失中，使意气停滞不通。动作不要超出自己的气圈，不能"开中开"（即开了以后，没有收回到中心，接着又开，这是练习技击的一种动作）。不要勉强追求自己意气、体能达不到的姿势要求。动作不能猛开猛合、骤然变换，否则使内气波动过大而中断，有伤内气。打拳要注意意气通畅，如行云流水，滔滔不绝、连绵不断，这样才能养生。

青年人追求技击功夫如何练？要按照要求学练知己之功和知彼之功。这里着重讲两点。

要得太极劲。思想上要明确自己练的是内家拳的技击功夫。杨式太极拳技击功夫的特点是运用内功，在对方身上变点、变劲，进行击发。要招术结合，求术为主。不能只有招，没有术。术是神、意、气的运用。先要通过练知己之功求得太极劲，打好基础，才能练术。

年青人一般身体强壮、精力充沛，练起拳来不免要用拙力。要在练习之中逐步减少拙力，增长神、意、气为内容的劲，就是通常说的去后天之力，增先天之力。这是一个较长时期的练习过程，比较难练，有些练拳的忽视这种练习，是难以得到太极拳的技击功夫的。

神、意、气要能通出体外，并能回到体内。把神、意、气通出体外，这是技击练法不同于养生练法的最主要之点。意气通出体外，能"穿透"对方身体。要注意，意气通出后，一定要沿原路收回，进行"内外气交换"，增强功力。如果不收回，就要伤内气。

自己的意气是不是通出体外了，要问对方。在初级阶段，与对方一搭手，对方感到不适，就说明内气达到对方身上了。以后经过学练，逐步能"听""问""拿""放"，用意气发人，进行技击。

十、随时随地练功夫

练功夫不能只限于打拳。在日常生活中，包括工作、学习、看电视、干活、休息、散步……无论坐、卧、立、行都要练功夫，留意太极拳的要求，使这些要求在自己身上成了习惯。如果只在盘架子时按太极拳的要求练，而平时在生活中经常背离，则功夫进步慢，而且不易巩固。到揉手时，临时现找某种感觉，来不及。

随时随地练功夫，要在"有意无意之间"，只要稍稍留意就够了，不要意念重，刻意去追功夫。

如何体会、习练"气沉丹田""轻松腰胯"？平时坐在板凳上休息，感到自然、舒服就可以了。如何体会、习练迈步前进的"虚实变换""轻松自如"？休闲散步，自然而然地走就可以了。

知己之功——松、散、通、空

一、松

松，非常重要。松了，才能散、通、空。揉手时，更松者胜。

松和静紧密相连，必须心静，才能松。要先练静，后练松。

松的关键是"心气"放松。

松，首先要"松沉直竖""中正安舒"，把身形调正直。

松要求全身合适、自然、舒服，没有吃力、僵滞、紧张的地方。

1. 要全身松

包括精神放松，关节、筋肉、内脏、皮肤全部放松。身体各部位都要放松。

2. 要从上向下松，再从下向上松

即从头到脚放松；还要从下向上放松，从脚向上松到腰胯，到中心，再散出去。

从上向下松。从头到尾闾，沿大腿内侧经阴陵泉穴，经膝、踝到脚心。

从下向上松。从脚心外侧向上松，松踝，松小腿肌肉，松阳陵泉穴，松膝、松胯，再向四周松散。

练静态的松，不限于站无极桩（预备式）。每种姿势都可以用来站桩，练静态的松。

3. 要全过程松

这是对动态中松的要求。盘架子从始至终，走每个姿势、每个步骤都要松。无论在哪个点停下来，都合乎松的要求，没有紧张之处。由一个姿势向下一个姿势过渡时容易紧，要特别留意。练拳时，可以采用暂时停下来的方法，检查自己是否做到全过程松了。

二、散

散（sàn）和松是连在一起的，散是进一步的松，是有目的的松。

从上向下松，从头到脚。再从下向上松，松到腰胯，然后向四周圆散，如用石子投入水中，水纹圆圈向外扩散，由小圈到大圈，无边无沿。

散要有个主轴，轴即我的中。意念舒散是从中心向四周空处散，不是向四肢散，否则就滞了。

三、通

通，指意气贯通。养生与技击的练法，对通的要求不同。

养生练法：要求意气贯通到手心、脚心，达于四围，不要通过手通出体外。

技击练法：要求意气通出体外1~3尺，能穿透对方身体。

盘架子时，意气贯通到手心、脚心时，在初级阶段，手心、脚心有麻、胀、热的感觉。到了高级阶段，麻、胀感都没有了，只剩下热感。

四、空

盘架子时，全身都放松，意气向四周舒散，练得"什么都没有了"。

技击发劲时，劲松通出去和身体脱离，身体是松散着的，什么都没有了，空了。对方反击，找不到着力点。

五、虚灵顶劲

顶头悬很重要，顶头悬才能"有"（内劲），才能有精神。

竖顶才能腹腔空，宽舒气顺，才能气沉丹田，才能对拉拔长。

虚灵顶劲，重在"虚"字，只是用意，不是用劲。主要是用意想颈靠衣领，意想就可以了，脖子不要僵挺。

六、气沉丹田不是气压丹田

要空胸下气，胸腹都是空的。

空胸下气，气沉丹田，周身透空，百病不生。

气涌胸际易被漂浮，气涌胸际易被人伤（内气）。

腹内轻松气腾然。

丹田在脐下一寸半处，腹内，里七外三。

气沉丹田，小肚子不能绷紧，要松散。小肚子在任何时候都不能绷紧。要向四周围松散。

意守丹田、气沉丹田都是意，意不能重，稍想即可，多想则过。

气沉丹田，不是向小肚子沉气，而是自然放松，听其自然，顺其自然、不紧张。

怎样体会气沉丹田的感觉？坐在椅子上全身放松休息，感到舒服。这就是气沉丹田，同时也是轻松腰胯。

盘架子时，无论是练养生还是技击，都不能动丹田气。

平常随时要气沉丹田。

腹肌放松，横膈膜放松，小肚子散鼓，向四周围放松，而不是集中硬结到某一点。

气沉丹田，不能气压丹田、气冲丹田。

无论姿势走到什么地步，丹田都不能紧，始终是放松的，这样意气才能通。要特别注意：姿势变换时，小肚子不能紧。"丹田内动、旋转，带动身形手势运行。"这种说法是不对的。这样练，要出偏差。丹田一紧就全身不自然了，意气阻滞，要"伤"（内气）。

丹田气不能随便动。

丹田气是松出去的，而不是"一紧"发出去的。"丹田一较劲发人"的做法是错的。这样易被对方反击回来，丹田气要受"伤"。发丹田气时，小肚子也是松的。

七、轻松腰胯

腰胯要松灵，松灵才能透空。

松腰胯才能沉。

轻松腰胯，要向周围松，不是向下松，不能使膝盖吃力，不能把重量都压在脚上。

平送腰胯，身体要竖直，如同船上的桅杆向前平移，不能摇摆。

自己有肩圈、腰圈、胯圈。如同站在水里，有漂浮感。腰圈在水面，胯圈在水下，肩圈在空中。

八、松垂散尾闾

松尾闾是对拉拔长的关键，尾闾始终要松着。松尾闾与松小腹是两码事。但只有松了尾闾，小腹才能松。

松垂尾闾、气沉丹田，只是打拳开始在意念上注意一下，以后不变动，也不要刻意追求。

九、松沉直竖，中正安舒

身体要松沉直竖、中正安舒，这是练拳的第一要义。有的人练了好多年，但身上没有东西，这是因为习练的方法不对，关键是没有按照松沉直竖、中正安舒的要求去练。

松沉，只松不行，还要沉。沉不能刻意追求，真正做到松，就自然沉了。

直竖，运行过程中，身体始终保持直竖，如提线木偶，上边提着，下边直竖。

盘架子时，身体进退、旋转，要直竖，如旗杆、桅杆，不要前倾后仰，左右摇晃。要以腰为轴，轴不能晃动。

无论姿势成了什么样子，自己总保持"中"，保持水平，身体歪了，仍要保持"中"，如海底针、栽捶，不能低头，眼要向前平视。这样保持平衡，别人打不倒你。

知彼之功——听、问、拿、放

一、以"中"碰"中"

武术界发人的路子各家不一样。有一种发人的方法是，对方什么地方紧，就向什么地方发。我们是向对方的"中"发。意念要始终对着对方的"中"。我的神、意、气集中，以我的"中"碰对方的"中"。

发劲击发对方时，视对方没有手臂，把他作为一个整体发。

说到底，杨式太极拳的劲要在对方身上运行。不是我要从自己哪个部位发劲，去攻对方哪个部位，而是一接触就迫使对方不合适，必须进行调整。他一调整，劲源就暴露了，我就攻他的"中"。

自己的"中"不能轻易暴露。"中"碰"中"，谁快谁就赢。揉手时可以暴露"中"，但真正技击时，不能露"中"，否则"中"易被击伤。

二、得"中"最重要

习练太极拳最重要的是得"中"——千方百计地掌握、击发对方的"中"，保持自己的"中"。

三、听

"听"与对方一接，通过接触点，要听出他的发劲之源、路线、劲的方向和力量变化。还要"听"出来劲是拙力，还是有功夫的轻力。接手时要有"一接点中求"的功夫。不但要很快错开其劲头，还要"听"出来劲有无空隙。要乘机把自己的劲渗到他的劲源中去，使对方不适，甚至失"中"。

四、问

"听"到对方的中以后，再输送一点意气，看对方的反应，来判断我"听"到的中是否准确。要"问"出对方的滞的反应来。

"问"不要追，只是轻轻地"听"着。

"问"要轻，用刺皮不刺骨的劲。

五、拿

进一步问死就是"拿"。

拿是用意气拿对方的"中"，使对方僵滞，不是用反关节。

拿，有虚拿和实拿之分。要虚拿，不要实拿，否则他不给。他跑时不要追。

拿，让对方不知道、没有感觉到，轻轻地拿，看住"中"，到他发力的时候，才知道被拿住了。

接手后，用两只手拿住对方，一虚、一实，把对方的劲错开，使他的平衡遭到破坏，或两手向相反方向扭转，使对方难受。两条线再在其身后交叉。

六、放

"放"有两种：一是把对方的劲错开，把劲源引进到自己身上来，然后再把它引到我身后，与此同时，要"听"出他的来劲中有无间隙，如有可乘之机，就击发。二是从对方的劲源之侧把我的劲渗入，击发他的"中"。

"放"包括化和发。

七、意念始终在对方身上

杨式太极拳技击的特点之一是，意念不在自己身上，而始终在对方身上。变劲也不在自己身上，而在对方身上。如果劲在自己身上变，则发不出去。

意念要始终对着对方的"中"。要时时刻刻注意对方各方面的虚实变化，以便避实就虚，乘虚而入。

八、化是为了发

要明确化不是为了躲，而是为了找到我合适的发点。

对方用全力打过来，我不能退、缩，而是腕转滚，使来劲变方向，化，变点，再发。

化即发。不能白化，化的同时要发，化和发几乎是同时进行的。可以一只手化，一只手发；也可以一只手又化又发。

九、引进落空，揪劲根

引进落空有两种：一是不要，把来力引进到我身，把它放掉。错开一点，突然放掉。另一是放一半，留一半，留做我发劲时借用。

引进不是躲、丢，是化。不是单纯的引进，而是要找我合适发劲的姿势、反击的点。

引进落空的前提条件是自己要空，要有容纳来力的"份儿"。

引进要顺来劲，先引向我的"中"，再引它改变方向，向空的方向去。

引进不是用外形动作，而是用内劲引，意念突然一松，揪出对方的劲源，把它引向空处。我吸一口气，一空，什么都没有了，使对方一"激灵"。空，是意念一松，不要动肩。

"引进落空，合即出"。引进到了极点，使对方的劲放完了，不能顶了，再发劲。

——刘金印整理《汪永泉授杨式太极拳语录及拳照》

（六）董英杰先生推手散打论述

一、太极拳系内家拳，力出于骨，劲蓄于筋，不求皮坚肉厚，而求气沉骨坚。故无张筋错骨之苦，无跳跃奋力之劳，顺其自然，求先天之本能，为返本归原之功夫。

二、练太极拳有三到：神到、意到、形到。如身法正确，神意俱到，则进步甚速，每日有不同之感觉，学者宜细心体味之。

三、如身法不合，神意不到，如火煮空铛，到老无成，有十年太极拳不如三年外家拳之讥。故第一须勤，第二须悟，功夫如何，视智慧如何，但勤能补拙，须自勉之。

四、练习时要自然呼吸，不要勉强进行深呼吸，功夫纯熟自然呼吸调匀，否则有害无益。

五、太极十三势，本为导引功夫。导引者，导引气血也，故功夫纯熟，气血调匀，百病消除，千万不可自作聪明，如舌顶上腭、气沉丹田等类。功夫到后，自然气沉丹田而行百脉，此乃自然之理，不可以人力强求。

六、松肩垂肘，乃言力不可聚于肩背，要将力移至臂部肘前一节，此乃意会而不能言传者。学者要细心体味，不可泥（nì）而行之，不得滞重力沉，致难于轻灵。

七、提顶吊裆，提顶要天柱，头容正直，吊裆则气由尾闾向上提也。收劲时胸要稍稍含虚，发劲时要天柱中直，切不可含胸驼背。

八、练拳一次至少三趟，第一趟开展筋脉、第二趟校正姿势、第三趟再加意形。纯熟之后，一出手便有意形，则进步更速。

九、知觉懂劲，要多推手，自得沾黏连随之妙。如无对手，勤练架子，时时以两臂摸劲，假想敌人进攻，我以何法制之，日久亦能懂劲。

十、推手时要细心揣摩，不可将对方推出以为笑乐，务要使我之重心对方不能捉摸，对方之重心时时在我手中。

十一、太极拳行住坐卧皆可行功，其法以心行气而求知觉。譬如无意之间，取一茶杯，用力持之、如何感觉；不用力持之、如何感觉。行路之时，举步之轻重；立定之时，屈腿而立、直腿而立，一足着力、双足着力，均可体验之。

十二、初步练拳时，觉身躯酸痛，此乃换力，不必惊恐，亦不要灰心，半月之后，即觉腰腿轻快，神满气足。

十三、架子练熟，推手入门，乃讲功劲。太极拳有黏动劲、跟随劲、轻灵劲、沉劲、内劲、提劲、搓劲、揉劲、贴劲、扶劲、摸劲、按劲、入骨劲、摔动劲、挂劲、摇动劲、发劲、寸劲、脆劲、抖劲、去劲、冷不防劲、分寸劲、蓄劲、放箭劲、等劲，等等。以上诸劲仅述大概，领略各种劲，要在知觉运动中求之。一人求之较难，二人求之较易，因人是活物，发劲之外，尚有灵感作用，务必在人身上求之。如无对象，在空气中求之，如打沙包、转钢球，俱无用也。

十四、《行功口诀》云：其根在脚，发于腿，主宰于腰，形于手指。此发劲之原理也。再有禁忌如膝不可过足尖，伸手不得过鼻尖，上举不得过眉，下压不得过心窝，此古之遗训也。如违此禁忌，力卸矣。变化之妙，主宰于腰，如以右手斜左推人，已过鼻尖矣，力已卸矣。但左胸往后稍含，腰部稍稍左转，力又足矣，此变化在胸，主宰于腰也。形于手指者，浑身松灵，刚坚之劲，在于手指，则如纯钢松软之条，上有铁锤，向前一弹，所向披靡，无法御之。学者细心推敲，不久可得内家真劲。手法特别者，不在此禁。

十五、人乃动物，并具灵感，譬如我以拳击一人，彼当以手推开或身子闪开，绝不能静立待打，抵抗乃人之本能也。静物则不然，如悬一沙包，垂悬不动，拳击之后，当前后鼓荡，然其鼓荡之路线，乃一定之路线，向左击之，向右荡回，此乃物之反应也；人则不然，一拳击去，对方能抗能防，变化无定，此人之反应也。拳术家有稳、准、狠三字，等闲我不发劲，发则所向披靡。然何以求稳、准、狠？先须求灵感。如何求灵感？读者应在前篇王宗岳先生之《行功论》内求之，即彼不动，己不动；彼微动，己先动。须在似动未动之时，意未起形未动之间，争此先着，所向披靡矣。

十六、或云练太极拳后，不可举重物，不可用蛮力，此则未必尽然。未学太极拳，一身笨力，全体紧张；既学太极拳，全体松软，筋畅气通，务必练去全身紧张，仍须保持原来之笨力，因松软之后，笨力变为真劲矣。昔人谓笨力曰膂力，其力在肩膂之间也，不能主宰于腰，形于手指也。故笨力为本钱，松软是用法，用得其法，小本钱可做大事业；不得其法，本钱虽大，事业无成也。故得太极拳真理以后，举重摔跤、拍球赛跑，随意可也，不必禁忌。但依编者愚见，各种运动，不如多打几趟拳。

十七、《易经》云：一阴一阳之谓道。太极即阴阳也。在此原子时代，何物非阴阳？故《太极拳论》有云：偏沉则随，双重则滞，偏沉双重，阴阳不匀也。故读者于举手投足之间，务须注意，一阴一阳，一虚一实。老子曰："吾善藏其余，祈揣摩之。"

十八、太极文武解，文武二字，文以养身，武以御敌。

十九、以上写出各条，均经验也、理论也，真实功夫，尚须在十三式中求之。功夫纯熟，自得得心应手之妙。练功时最好少求理论，多做功夫。余曾曰：功夫昔人好，理论今人好。实在理论一多，功夫不专，进境反少矣。拳术界人多讲义气，一拳传承与精义导。此虽世俗之理，但中国人情如此，不可不注意，爱学真功夫者，更当注意也。

二十、孟子曰："尽其心者，知其性也。知其性，则知天矣。"火之炎上，性也，水之润下，性也，此物之性也。春茂秋杀，天之性也。恶劳好逸，惧死贪生，此人之性也。然火遇风可吹之使下，水之遇火，能蒸之使上，松柏心坚，秋冬不凋，人知礼义，见义勇为，此乃易后天之性返入先天也。人未练拳之时，百脉滞塞，筋紧缩而短，故力聚于肩臂；既练之后，百脉畅通，筋长力舒，由肩而臂，由臂而腕，由腕而形于手指，渐渐弃后天而转入先天，如得先天本能，则神妙不可思议，学者得此劲后，当知余言之非谬也。

——董英杰著《太极拳释义》

（七）郑曼青先生论劲与物理

太极拳气与劲之运用，在乎绵绵不断，周而复始，圆而神通，靡有穷际。宇宙之间，大若行星之运转，微如雨露之降零，厥形皆圆。此自然之征象也。引而伸之，其体与用，及其内容精蕴，实与吾拳有息息相通者。今试分析其究竟于后。

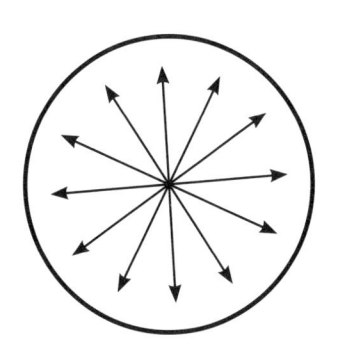

夫行星可谓大莫能容。以其体圆，则积气可以载之，而能运转。倘其体不圆，虽积气之力无所不载，亦不能浮无量数之星球于上空，而能运转者也。因球形乃一容积最大、面积最小之体积也。至雨露虽微，而一滴中，含有无量数水分子，个个竭力向外发展，其结果各得平均，互相索引，其表面虽有张力，然其内仍有聚力，故不失为圆。此即圆之成因。太极拳之所谓圆者，以其效法太极，其原因及体用，适与上述自然界之妙蕴相吻合。特举图如左。

以上图观之，圆周内各点，与中心距离皆为一致，墨子所谓"一中同长"者是也，更有进乎此者，圆周各点所负荷之力，强弱亦各相等，否则其不成为球体矣。然则皮球之圆，圆也，铁球之圆，亦圆也。无论其轻重不同，然以力触其一面，可知其面面皆同，面面皆动也。触其一点，则万点皆同，万点皆应也。此即太极拳之所不容人摸着与触到者。以其体圆也，乃不知得力之所在也。球体中之分子力，一经运转，便互相牵引，即所谓向心力与离心力者也。

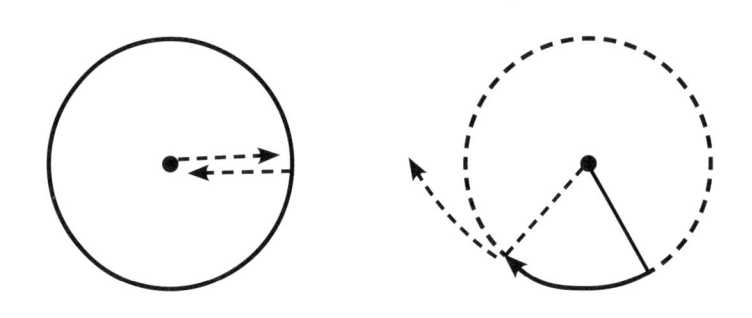

以上图，由一中心向外发展之力，曰离心力；由圆周各点向中心牵引之力，曰向心力，两力得能相等，不然不得成圆形矣。例如以石或铁，系乎绳之一端，又一端执乎手，荡而掷之为圆圈，手之所执为中心，铁石受掷之力向外，曰离心力，因绳牵引之力向内，曰向心力。此时绳虽弱质，却别见有紧张之气势，其气势之强弱，视其运转之迟速为推移。此即太极拳推手，所谓似拉锯式之较手也。倘我所得受向心力较大，而还之以离心力亦大。然我所得受向心力虽大，却得运而去之，此我得体圆之效用也。但还之以离心力，则彼不能运而去之，必弹出寻丈之外，此单于向心力、离心力两点而言，亦仅见圆力作用之一斑耳。此外圆中又有方之作用，包含无量数之等边三角形，三角者，实为构成圆形之基本形体。图如下。

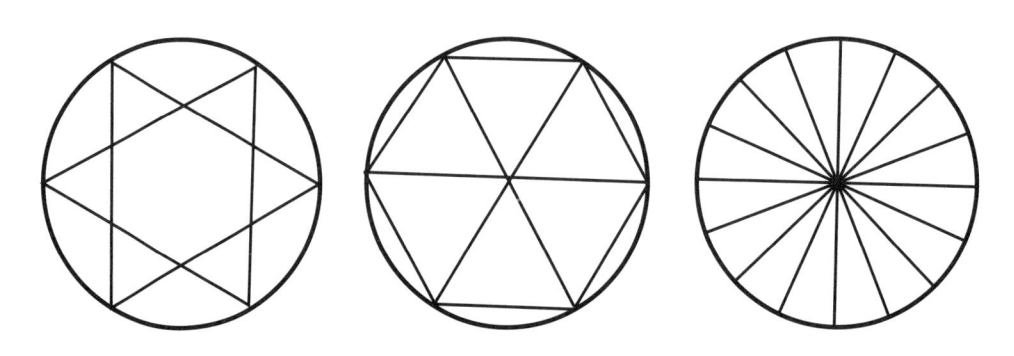

圆之作用，与其所包含之三角形极有关系。在物理中，如圆锥体、螺旋钉之发明是也。于此可见圆之物体，不仅坚固，不易被外力摧毁之消极守势作用而已，且能以其所包含之无量数三角形体，随处可以取积极攻势之能力。如令其旋转向前攻击，则无一分一厘之面积，非积极攻击之作用。譬如打乒乓球，对方如以旋转之球势进攻，应之者不如其法，则攻势不可当也，必致失败，以其攻势之距离最密且速，即包含无量数三角形之作用故也。太极拳于上述之圆形，所包含无量数三角形之作用最多，而其效用最为显著，以其效法于圆，非真实如球体也。其用守势者，取法于圆，其用攻势，则无处非三角形，并且无一分一厘非三角形旋转式之攻势也。以之攻击于敌体，则万难逃遁者，以此故也。进而言之，其取攻击者，有时尤可以超过圆形之作用者，忽一变而为等腰三角形者，其作用之变化尤广，攻势尤猛，然犹不出其圆体范围以外也。图如下。

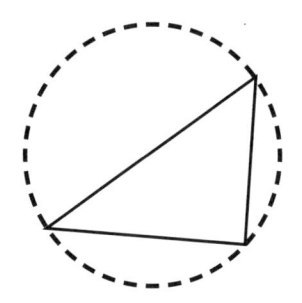

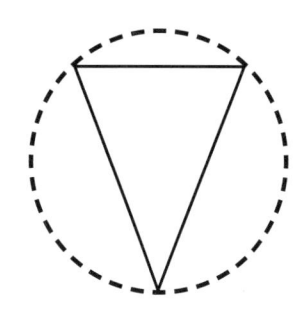

于此可见太极拳，无施非攻，无处非守，即所谓走即是发，发即是走，寓积极于消极之中。彼不知我，我独知人，英雄所向无敌，此之谓乎！

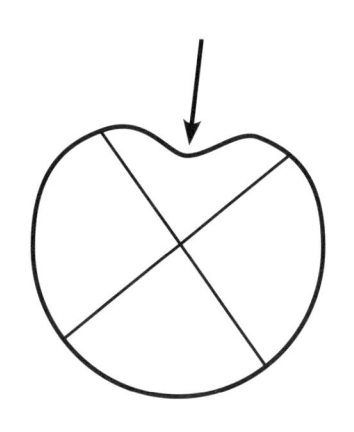

以上所述者，圆体以包含无量数三角形，向外取攻势之作用。倘有遇正面之外力攻陷，成向内凹之三角形者，其作用何如？图如左。

如左图，适受无左右上下偏重之外力正面攻陷时，余姑不言以左右上下而规避之之法，直言受其攻陷。在太极拳正利用其猛袭攻陷，此即易所谓坎陷，为最险之卦。亦即以太极名拳之第一义也。其义将攻陷之外力，使其落空，敌知已落空陷中，非即反身逃遁不可。际其欲抽身时，即以我之腹部吸力，一变而为攻发之力，此即拳论所谓提放，放即发也。而复为圆形，则敌不及措手，已弹出于寻丈之外矣。太极拳之特长即在此，所谓发劲是也。反是则为走，又谓之化；走者，急转，化转。化者，缓转，其转则一也。图如下。

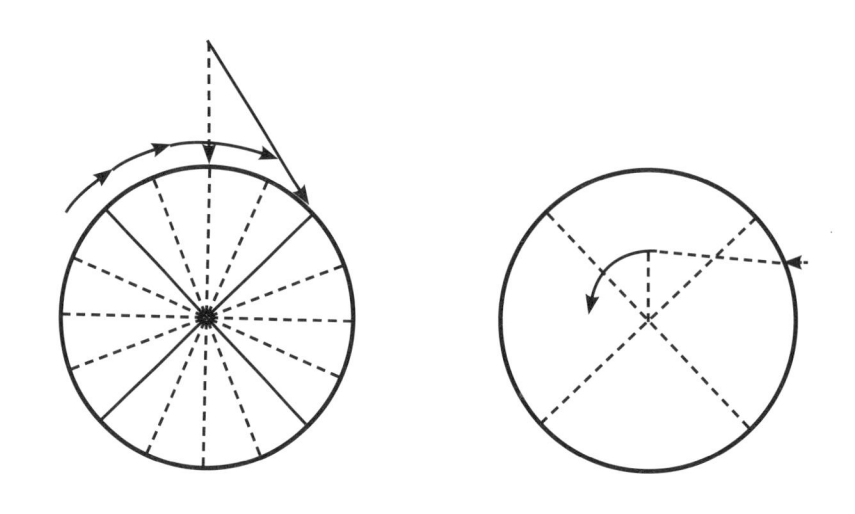

将受攻之点，稍一走化，其外力自然滑脱而化去矣。同时将对方之力才一化去，则无量数之三角轮转，角角即为攻击，即所谓化即是打，走即是打也。打即发劲之发也，反此，则用劲以攻人发人何如。

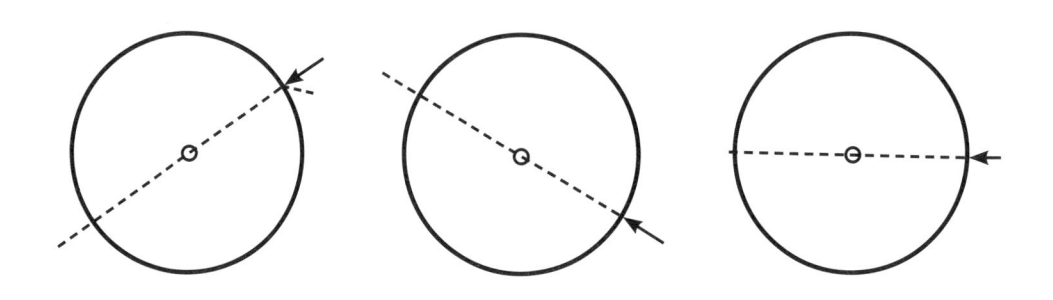

发劲，则必于人身整个重心中觅得一线之劲，即如球体之物理上用力方面，须通过中心之直线前进，则球体不及旋转，势必如放箭及子弹之能穿过之类，此即太极拳发劲之原则。若令高跃或平跃而出，以及下跌，皆视其直线之所在，应心而发，未有不得手者。吾师澄甫，每每告余曰，发劲须找到一直线，方可发。发时如放箭，是言已穷发劲之能事，唯此直线其理易明，欲用之者。然非参透及经验者，未易得心，学者须于此处着力，勉之。或曰，以上所述各点之原理，既知之矣。设有人力大如牛，猛如虎，狠如羊，贪如狼，其一发攻势，不顾一切，如闪电似的，一飚而至，则迅雷不及掩耳，其将奈何？曰，此问诚为切要。余以上述各点，正所以掣贪猛如此者，比击鼠首狐顾者尤易耳。其法皆已俱备于上，不赘。其理余再从而申述之。

球形之体积，其所占之空间，比任何同等面积之形体为大。其急袭者，不能出乎二要素，一即空间，一即时间。其速度与效能，若不能把握时间与空间，其急袭者，正如俗所谓，送肉上钩，其所欲得者，适得其反，自取其速亡也。曰，何也？曰，强弩之末，不能穿鲁缟。此空间之限制，亦即时间之延长也。此圆形独占面积及空间之广且大，即令其速度与以空间及时间之延长，其效能因之而损失。此即太极拳之主旨，不予抵抗，而予以退让，不与之正冲，而予以偏避，使其速度与能力稍为摧挫，则以顺势击之，不费吹毛之力，则其自取摧毁，不及一瞬也，拳论所谓，牵动四两拨千斤者，正以是也。此固一证耳，却尤有进者，箭何能发百步而穿七扎？先由强力开弓而箭发，此为原动力。箭行速，产生速力，以速力与动力较，则可能相等，甚或可能超乎动力也。譬如动力为一百斤所产生之速力，则其大小或可得为二百斤矣。设以得二百斤论，则知其力与速而可得其能矣，击以物理之定律公式，如下：

$$力 \times 速 \times 时 = 能$$

太极拳之所谓牵动四两拨千斤者，即以四两之劲，牵动其千斤之原动能力耳。所谓以力乘速乘时，所得者能也。能既被人牵转而利用之，何复有力与速之可言哉。可见仅有贪与猛，不足恃也。太极拳之力，譬如薄于一纸片，其对方袭击之力，譬如长江大河滚滚而来，何以御之？若以正面御之，虽千寻铁锁，不足为用也。然以一纸片沿其流，顺其势而去之，则纸片又何能伤也？虽然，纸片可谓薄弱矣，苟助之以速，譬置贴于马达之轴，使其同转，迨其速度增至每分钟二三千转，此时如纸片突然离轴而去，劲木遇之则折。太极拳以无力，而至于有力，即此意，亦即此理。殊未可忽视也。其作用，即丹田之气，得以鼓荡，若长江大河之水然。又助之球体运动，其本力虽微，其速度不可限量，是以效能超出于常理之外，真不可测也。

于以上之等腰三角形作用外，圆体之攻势，左右上下旋转，无一非杠杆之作用。太极拳于杠杆，以支力为要点，支力者，即太极拳所谓中定也。图如下。

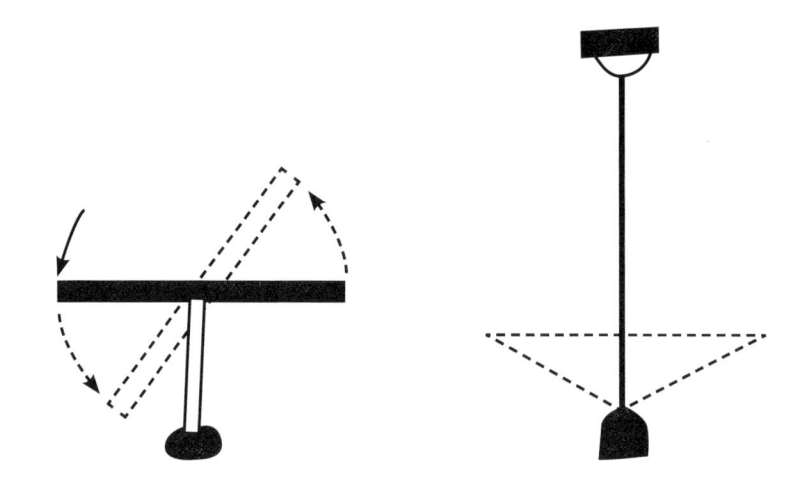

以上图，除支力之点外，其余皆可左右上下前后八方转动。譬如击其右一端，则左一端可以向后旋转，将被击之一端，空间放长，时间亦复延长，将对方袭击之力量，完全分化归于零。然杆之右端所受之力量，譬如千斤，则千斤之力量，完全递交于杆之左端矣。杆之右端向后正方急转，则杆之左端之力量，亦急向前正方旋转，则正借对方之力量反击之，则对方不及措手，已跌出寻丈之外矣。此即太极拳之发劲，皆如是而已。此外太极拳，善用分化对方之力量，及兼用合二力之作用。图如下。

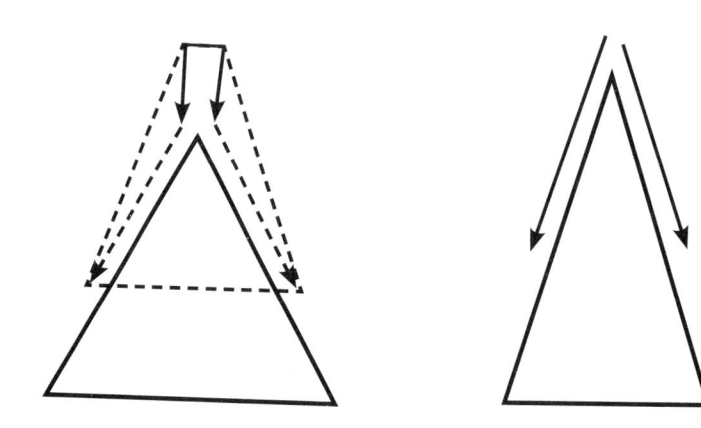

譬如对方以两手正面按来，接于我两前臂上，则我合两手臂作尖劈形，而分化对方之正面按力归于零，则我同时合手臂，作尖劈形之攻势，完全借对方之猛锐力量，反攻其要害。此拳论所谓引进落空合即出，此亦一法也。此外太极拳善用提劲，将对方之根力拔起，而后一发可以两足离地跌出，即拳论所谓欲将物掀起，必加之以挫之之力，使其根自断，乃攘之速而无疑。此即物理学上之起重机，及千斤顶等之杠杆作用，系以图如左。

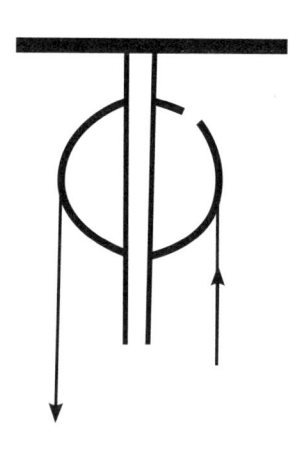

以左图之支点与力点，距离愈远则用力愈少，而收效愈大。在太极拳用提劲发劲时，即以对方为重点，手或腕接触对方之处，为支点，以脚与腿为力点，此即太极拳发劲时，动力之点在乎脚，所谓其根在脚，发乎腿，主宰于腰，行乎手指。所以对方虽有大力，及躯干高大者，皆不足恃。一经接手，便可跌出寻丈外者，全凭杠杆之作用。虽接之以手，而发动之力点却在乎脚，可谓精妙绝伦矣，不独事半功倍而已，极其至者，虽百千倍，犹未可限量也。

总以上各节，太极拳运劲与物理之说，皆丝线入扣，发乎自然。可见太极拳，虽导源于哲学，且可证乎科学，从来以太极拳原理不易了悟，以致尽人发生疑义。兹以物理解释运劲，则太极拳虽根于哲学，则亦可思过半矣。然运劲与物理学说，在太极拳学术上，乃高深之研究。不过太极拳有体斯有用，如不能用，则体亦不足言矣。欲求体用兼全，则不可不将此理加以穷究，而后方能了解运劲之妙用。且此篇之作，对于历来太极拳家所谓秘传，则已泄漏无遗，幸学者三致意焉。

——郑曼青著《郑子太极拳十三篇》

附：笔者论太极拳的功法要领

太极拳的功法极为完备，它的要领归纳起来，有以下八个方面。

一、松、圆、正、沉、轻的要求

"松"，是太极拳的第一要义，是最本质的东西，贯串于始终，并且练拳时要松，发劲时也要松，它是所有技术行为的出发点。因为只有这样，才能区别于外家拳，才能练出独有的弹簧劲。当年有人曾问过澄甫师祖："未见您用多大劲，何以将人发出那样远，打得那样干脆呢？"回答说："我是松着劲打的！"也有人问过少侯师祖："您发劲时是松松软软的样子，如这样子还能有劲吗？"回答说："就是因为松松软软的，打出的劲才非常大呢！"那么怎样去练松劲呢？首先，在练架子时松。练架子时每一个动作，都要使全身九大关——节掌、拳、肘、腕、肩、腰、胯、膝、脚松开来，而在定势时更要注意松。每个式子松开以后，再接着往下练。特别需要注意的是，每势在运行时要引导梢节往根节松，定势时则是反过来从根节引导着往梢节松。最后达到内外皆松，不但筋骨松了，肌肉松了，连内气和精神也松了，这才是真正的"松"。而这一切主要是以意为之，没有明师指点和较长时间的锻炼，是难以做到的。其次，要知道区别"松"与"懈"。"松"是神舒体静，但掤劲不丢，不但关节是开启着的，肌肉也是舒展的，功夫到家后有一种蓬松的感觉；而"懈"则表现为精神委顿，掤劲全无，不但关节是闭合的，肌肉也是萎缩的。习练者不可不深察之。

"圆"，对于太极拳而论，既是体，又是用。就内含阴阳鱼的太极圆圈看，它是体。太极拳运行用劲的情况，与太极圆形相合，太极拳每一动作的起落旋转，开合虚实，都是由圆圈所构成，太极拳也正是由此而得名。陈鑫在《陈氏太极拳图说》卷首《太极图弄圆歌》中说："我有一丸，黑白相和。虽是两分，还是一个。大之莫载，小之莫破；无始无终，无右无左。八卦九畴，纵横交错；今古参前，乾坤在座……"整个太极拳运动，就是阴阳互根而不断变化消长的过程，太极拳的圆圈，大致有平圆、立圆、斜圆、大圆、小圆、双S圆、圆中圆等，也即"乱环术法"。而就太极拳圆形运动刚柔相济、虚实莫测、善发善化、善开善合、善动善静、攻防兼备等方面来看，它又是用，而且是巧妙之用。所谓"妙手一着一太极，空空迹化归乌有"，就是对太极拳运劲和技击最高造诣的准确而又形象的描述。而圆圈的轴心和根本是腰上的尾脊骨。田兆麟师说：圆圈以尾脊骨为根本。这就充分说明：腰脊劲越圆越小，周身之劲也就越轻灵奇巧，速度也就越快，也就越能显示太极拳出神入化的功夫！

"正"，是太极拳立身运动之本，通常与"中"连在一起，叫"中正"，在习练拳架和推手、技击中，无一时一刻可以离开它。《太极拳论》云："立如平准，活似车轮。偏沉则随，双重则滞。"《十三势歌》云："尾闾中正神贯顶，满身轻利头顶悬。"《十三势行功心解》云："立身中正安舒，支撑八面。"这些都是强调立身中正的重要性。而要做到立身中正安舒，第一要头容正直，头顶悬，舌顶上腭，双目平视，神凝于耳；第二要注意双肩的平齐松沉；第三要松腰、收腹、敛臀。要想松腰，只须将腹部稍微一收即可。敛臀的方法是两腿的股四头肌稍用力，臀部前送使尾闾骨有向前托起小腹之意。做到了以上三点，立身中正的最关键之处"尾闾中正"也就能做到了，因为这样由头顶百会到尾闾会阴的一条线自然就垂直了。太极拳的一切技术动作，如能都在立身中正的条件下进行，那么，自然神意安舒，支撑八面了。

"沉"与"轻",一般来说,是一个问题的两个方面,有轻,才有沉;有沉,才有轻。虚领顶劲,就是拳中对轻的要求;气沉丹田,则是沉的功能。而"沉"与"松"又有密切的联系,能松才能沉;不能松,也就沉不下去,只能流于"硬"与"浮"。从深层看,"轻"既是太极拳的入手功夫,又是太极拳的最高造诣与境界。从"轻"入手,可以避免僵硬之弊,而后一个"轻",并非前一个"轻"的回复,而是其在更高阶段上的升华!据笔者浅见,练太极功者要想臻至"轻"的造诣,必须做到技艺纯熟,劲路顺畅,神气鼓荡,内外合一,周身一家,刚柔相济,知己知彼,得机得势,舍己从人,圆活自如,才能达到轻灵虚无、变化无常、随意所之的最高境界。昔年杨健侯太师祖常说:"轻则灵,灵则动,动则变,变则化。"被田师毕生奉为圭臬。田师为澄甫师祖的《太极拳使用法》一书所作的序中就写道:"尊师常谈:轻则灵,灵则动,动则变,变则化。""尊师"即指健侯太师祖,因田师自幼即被杨家收养,故他称健侯太师祖、少侯师祖、澄甫师祖均为老师。后来,田师为王新午先生所著《太极拳阐宗》一书所写的题词,也是上面这四句话,可见它的重要性。

二、精、气、神的修养

道家以精、气、神为"三宝",并强调"性命双修"之说,精、气属"命",神属"性",三者一齐修炼,谓之"性命双修"。太极拳与道家有很深的渊源,它主张"动中求静",动静结合,优于其他拳种和运动。因此历来认为练太极拳,精、气、神均能得到锻炼,非唯有益于强身健体,对武功也有莫大帮助,于是亦称太极拳为"性命双修"之学。

但是道家的精、气、神理论,很是深奥、玄妙。所谓"炼精化气,炼气化神,炼神还虚,反虚入浑"之说,令人难以参透,不易得其究竟。其实,用今天的话简言之,炼"精""气",就是炼丹田之功,炼行于人体经络中的"气"之功;而炼"神",就是炼人的心意,即精神思维活动。炼神意如何能控制气?精、气应是神的物质基础,神则是精、气的升华与外现。分别而论,"炼精化气",就是保精、养精,储蓄精髓,使之化为充实之内气。气方面,主要炼任脉的上下提放。这时还不能说是已发动跻脉、维脉了。至"炼气化神"阶段,气方面,则所炼的是督脉、任脉的循环往复和丹田的晃动与旋转,这时已离打通跻脉、维脉与各条气脉不远了。并且坚持炼下去,还可出现非凡的灵智,各方面反应均异常灵敏,非唯推手与散手而已!至"炼神还虚"阶段,气方面,则各条气脉(包括奇经八脉、十二条正经)俱畅通无滞,都在走向循环,丹田内气也进而形成立体式的太极圈路线。此时内功已臻上乘,神清气顺，达神明之境，表面看来，平和雍穆，无甚奇异之处，实质上是含而不露，出神入化，无为而无不为了！

《杨谱·力气解》中讲得很清楚："气走于膜、络、筋、脉，力出于血、肉、皮、骨。故有力者皆外壮于皮骨，形也；有气者是内壮于筋脉，象也……行气于筋脉，用力于皮骨，大不相侔也。"而要使气血旺盛，气流畅达，必须关节柔和而曲，血管拔长而细，这就是练拳时一定要松开劲，而不令稍有努责作用来减慢气流的速度。另外，对于全身内脏的不随意肌，更要运用心意使其放松得到轻柔的运动，所谓"腹内松净气腾然"，就是说的这个道理。做到了上述二点，已使气流旺盛而畅通。这时还要注意将气收敛入骨，《十三势行功心解》中说："以心行气，务令沉着，乃能收敛入骨。"沉着行气，使气不散漫，专主一方，才能使气敛入脊骨。而具体做法则是李亦畬在《走架打手行功要言》中所说："欲要神气收敛入骨，先要两股前节有力，两肩松开，气向下沉，劲起于脚跟，变换在腿，含蓄在胸，运动在两肩，主宰于腰。上于两膊相系，下于两胯、两腿相随。劲由内换，收便是合，放即是开。静则俱静，静是合，合中寓开；动则俱动，动是开，开中寓合……"到此地步，已是气敛入脊骨，呼吸通灵，周身罔间，全身透空了。这里涉及呼吸与开合问题。太极拳的气功，必须了解与掌握开合与呼吸问题。要做到开则由脚根上行到手指，合则由手指下行至脚根，这是太极拳气功的两条主要路线，一定要使它畅达圆活，使得吸为合，为卷，为蓄，吸时有提起之神态，亦含有拿得起之意；呼为开，为放，为发，呼时有下沉之神态，亦含有放得人出之意。这时的太极拳气功，已经相当高明了。

以上所言练气之法，主要在于动中求静，以沉着能隐为主，而练心意、练精神，则与之相反，主要在于静中求动，以轻灵能显为主，也就是心与意合，神气鼓荡之意。这首先要劲别分清，劲路顺畅，运用时意动神随，心行气发，而后才能功夫增进，达到神气鼓荡。劲别分开，劲路顺畅，在外表看来，虽然仍旧是圆形运动，而内中之劲，已因心意的驱使、精神的作用，由圆形化为方形。能圆，才能黏贴于人；能方，才能将人发出。《杨谱·太极正功解》中说："太极者，圆也，无论内外、上下、左右，不离此圆也。太极者，方也，无论内外、上下、左右，不离此方也。圆之出入，方之进退，随方就圆之往来也。方为开展，圆为紧凑。方圆规矩之至，其孰能出此以外哉！"太极拳之方，乃方圆相生之方，则其中自无棱角而言，乃由意发气随而生，如此长久习练，则意与劲合，使得精神的注意点，就是劲的方点。然后神意越练越畅旺，得心应手，精神修炼之功自然成功。但仍要留意身形之有无缺陷，尤其要注意肩与胯，此二处如有缺陷，则周身不能饱满圆和，势必影响方圆相生，神气鼓荡之功。若能做到劲别清楚，劲路畅达，方圆相生，周身顺遂，神活气敛，转换轻灵，则精神修炼之功自非寻常。

需要注意的是，气与精神的修炼尤应做到互养互葆，即以气葆神，以神养气，如此则既能益寿延年，又能使功夫不断增进。太极拳的有些前辈大家功力深厚，武艺精湛，却未能享高寿，除与某些特殊原因有关外，与过于偏重技击，发劲太多，保养不够，也有一定关系，这是后学应该汲取的经验教训。

三、腰为主宰，劲起脚根

"腰"（包括脊、背、胯）在太极拳中有着特殊重要的地位，起着极其重要的作用，拳谱和拳论中对腰的论述很多，《走架打手行功要言》有"主宰于腰"之言，《宋书铭拳谱·心会论》称"腰脊为第一之主宰"，王宗岳《十三势歌》有"命意源头在腰隙""刻刻留心在腰间"之论，澄甫师祖在《练法十要》中指出"变换在腰"、在《太极拳术十要》中提出"松腰"，武术界也有"太极腰、八卦步，形意劲"和"无腰不太极"之说。那么，腰脊为什么这么重要，又如何锻炼呢？

首先，这与它在身体中的位置有关。腰在掌、拳、腕、肘、肩、腰、胯、膝、脚上下九节之中部，是九颗珠子中最重要的一颗，它的运动能带动上下的八颗珠子一齐运动。其次，腰之动为平行动之根，而脊处于人身之中线，脊之动为竖行动之根，如求一动而全身皆动，必须联合腰脊而动，因为太极拳的每一个动作，都以45°左右联合腰脊运动，以带动其他关节的运动，这种运动乃是一动无有不动的运动，容易达到节节贯串之功。这就是"主宰于腰""行气如九曲珠，无微不到"的意思。最后，从生理、医理看，人之两肾居于腰之两侧，命门对肚脐，肝位于腰部腹腔；腰为肾之府，肝为筋之府，肝肾同源于命门。腰部得到锻炼，将收固肝肾、健筋骨、延年益寿的功效。《杨谱·太极平准腰顶解》云："……车轮两命门，一纛摇又转，心令气旗使，自然随我便。满身轻利者，金刚罗汉炼……"可见，腰之两肾和命门在拳中的极端重要性。

那么，如何检验腰脊之动呢？只需在走架子时注意气贴脊背，即背上之皮是否紧贴松拥于脊背之上。能使气贴脊背，自然收以腰脊为轴，含胸沉肩，两手如轮之功，而腆胸耸肩之病，也就自然消除了。还有就是松腰的问题，如腰不能松，则气劲不能落于下肢，将影响整体的灵活运转。因此，行拳时每一势都要松腰沉胯，脊椎骨节节松开，气沉丹田，劲贯两足，落于涌泉，而与地气相接，则下盘自然稳固。松腰之法，前节已提到，只需将腹部略收即可；沉胯之法，在于先抽胯，其方法是出左步时，左胯微向后抽，同时右胯微向前挺。反之亦然，这样不仅可使步子大小一致，而且抽胯后再向下落沉也极为容易，做时注意肩与胯合即成。做到了松竖脊柱，松腰沉胯，就能做到上下成为一个整体，即周身一家，劲起于脚根，主于腰间，形于手指，发于脊骨，就能上于两膊相系，下于两腿相随，开合有致，收发由心了。

四、周身一家，内外合一

习练太极拳，练至周身一家，内外合一，已有很高的造诣，已具个人习练之能事。到此地步，已达《太极拳经歌诀诠解》所说"举步轻灵神内敛：举步周身要轻灵，尤须贯串，气宜鼓荡，神宜内敛。莫教断续一气研：勿使有凸凹处，勿使有断续处，其根在脚，发于腿，主宰在腰，形于手指。由脚而腿而腰，总须完整一气，向前退后，乃得机得势。"简言之，即澄甫师祖在《太极拳术十要》中所概括的"上下相随""内外相合"。

当然，要炼到周身一家，必须腰有功，才能贯通上下；要达到内外合一，必须修养精、气、神。而这两方面，前面已论述，于此不再重复。这里只再强调两点：一是拳艺至此，已是以心意为主，其状态是外面的身、形、腰、顶，内部的精、气、神、劲，无不合于规范，凡有动作，皆是以意为之，不在于外，而在于内；有上即有下，有前即有后，有左即有右，有进即有退，有起即有落；摺叠、转换，顺遂如意，急缓相生，蓄发俱能；一动无有不动，一静无有不静，一开无有不开，一合无有不合，而又动中寓静，开中有合，开合有致，动静有方，可显可隐，可沉可轻，周身夭矫不群，如游龙、翔凤，将展未展，似松非松，劲断意不断，意断神可接，有行乎不得不行，止乎不得不止之势，尽是一派大家气象。二是太极拳艺所要求的周身一家，内外相合，涉及阴阳对立统一的诸多方面，细分约有上下、内外、大小、左右、进退、起落、动静、开合、刚柔、虚实、攻防、黏走、松紧、收放、缓急、形神、呼吸等繁复内容，而它们又大多不是单一的表露，而呈现出交叉、综合的运用特点。这就远非浅学者所能测其堂奥，必须潜心研究，细致揣摩，日久方能领悟，年深才获成功。

五、身怀八法，脚踩五步

太极拳的理论很深奥，功法很完备，结构也相当严密，八法、五步合称"十三式"，就是太极拳表示的方位、运行的劲路和有效的技击手段。所谓"八法"，又称"八劲"，即指掤、捋、挤、按、採、挒、肘、靠八种方法和劲路，它含四正四隅八个方位。四正是北、南、东、西，四隅是西北、西南、东北、东南，这正合于后天八卦图，北掤、南捋、东挤、西按、西北採、西南挒、东北肘、东南靠。简言之，即使拳路和劲路照顾到四面八方，而不偏向于某一处。"五步"，是前进、后退、左顾、右盼、中定五种步法。就五行说，前进属火，后退属水，左顾属木，右盼属金，中定属土。其中又有五行生克说：即金生水，水生木，木生火，火生土，土生金；金克木，木克土，土克水，水克火，火克金。因此《杨谱》有"怀藏八卦，脚跐（踏）五行"之论，后来又有拳家加上"头顶太极"一说，也很有道理。太极拳本来处处不离阴阳，因此"头顶太极，身怀八卦，脚踩五行"的概括与说明，是合于太极拳的拳理拳法的。需要说明的有两点：一是太极图与地图方位相反，地图是上北下南、右东、左西，而太极图是上南、下北、右西、左东；二是太极拳的技法千变万化，不可能用五种简单的生克关系来概括，只要时刻不忘阴阳变化的理论就行，然而五行步法却不可不知。所谓五行步法，是指金、木、水、火、土五行相生的步法。试以自身为中心，站立之处属土，由此向右行，右属金，此即土生金；由此向后走，后退属水，此即金生水；由此向左走，左属木，此即水生木；由此向前行，前进属火，此即木生火。这就是五行步法，一般称此为走生门，走生门，则很顺畅、很快。现在散打与武术比赛，绝大多数参赛者都是左脚在前，固然这与个人习惯有关，但是却不合五行步法走生门之意，很别扭，也快不起来！现将"八法""五步"分述如下，先述"八法"。

1. 掤劲

掤为八法之首，有撑开之意，《杨氏九诀》之"八要"："掤要撑。"《十八在诀》："掤在两臂。"《十三行功诀》："掤手两臂要圆撑。"讲得都很清楚明确。掤对应的人体窍位为会阴穴，属肾经。太极拳走架子及推手与技击，无一时一刻可离开此劲。掤劲产生于气功，使周身气满而圆活顺畅，则如同充气之橡皮轮，既有防御之能，亦有反动力之弹性在，则攻防两宜，黏走相随，运、接、蓄、发都能顺遂如意。掤犹如一道防线，进可攻，攻中有守，退可防，而防中有攻，并可借以探听对方之虚实，借以化人发人。然掤劲之用，非用手臂，需用腰腿劲，加以意气，方能奏效。掤之用有单臂掤、双臂掤之分；掤之地点，以人之关节或拗处为好。掤之先，可先用引劲往后向下微诱，使其劲出而显出焦点，再借其劲而掤发，则成功无疑。发掤劲，眼睛亦须专注，否则不能克敌。

2. 捋劲

捋有拉回之意，为掤劲反方向之劲。捋对应的人体窍位为印堂穴，属心经。捋时一手沾人腕部，一手黏人肘臂，捋向己之两侧偏后处。捋时可用掌缘近腕处捋，亦可用手掌捋，视需要而定。捋时应注意的是：一则方向不可用直线，以用30°左右之斜角为好；二则搌之前，须用掤劲，掤则对方必起抗意，然后搌自得势。功深者，掤、搌之劲转换变化，至微至细，不但旁观不易辨明，即身受者亦难以觉察。掤、搌变换，也就是黏走相因、阴阳相济之意。搌时还要注意手要轻（见《杨班侯传太极拳九诀》之"八要"），并将己身之腰腿略上升，当掤至胸口之前，人背已顺之时，即坐腿松胯，转腰而发之。眼神亦须注视，精神勿有一丝懈怠。

3. 挤劲

挤为补助掤劲之劲，是乘势前进之劲，亦可谓联合之掤劲。挤对应的人体窍位是夹脊穴，属肝经。使双手之劲，交叉聚焦于一点，则掤的力度自然增加。挤劲，是以前臂肱部挤击对方之身体，不可过高或过低，此劲生于对方己之后，有顺势之能。右手挤，进右步；左手挤，进左步。如不进步，则将臂伸直，对其后肩挤之。挤亦可用于人靠之后。挤时，不能仅用手臂之劲，须用腰腿劲，加以意气，其姿势应求圆满，勿生棱角。当顶悬身正，沉肩含胸，收住尾闾，上身勿向前俯，免得失去重心。此劲近于攻，与采处于相反一方，亦可用为采之预备招数。挤劲用法得当，其势甚为凌厉。唯初学者，推手时大半缺少挤劲，致使对方少了威胁。

4. 按劲

按劲甚为巧妙，变化亦多。按有按兵不动之势，有听劲之用。按对应的人体窍位是膻中穴，属肺经。按之劲为下掤劲，有沉的功用。在沉劲之内，含有牵动之势，可使对方脚根浮起。按劲变化甚多，按而向前进，则为掤劲；按向左右，则为搌劲；按而合之，则为挤劲；而用按得势，则成为放劲。按之特点，有黏定而不使逃脱之能；且按中又藏有手指之功，为太极拳擒拿法之一，因而按有单按、双按之分，以掌根为主。按以顺步为得势，按中不仅有开合之意，并要含有由上到下、由前到后之一立体圆圈，如仅直按，既无效，又易为人所制。还有，按之开合，须手足相应，前进后退有升降之势。功深者用按法，以起步为虚，落步为实，虚为引，实为发。按之时间亦需注意，不可过快，过快易被人借劲。当借腰腿之前伸，蠕蠕而动，人必觉受制而无所施为。至于按的身形与神气的要求与挤相同，不再赘述。

以上所论之掤、搌、挤、按，为"八法"中之四正手，有相互为用，善于变化之妙，需下苦功夫得其真谛。王宗岳《打手歌》称"掤搌挤按须认真，上下相随人难进"，可见掤、搌、挤、按四正手的重要性。其奥妙在于微微转动中，已变化劲路了。概括而言，掤、搌近于走，挤、按近于黏。分别而论，掤之成分大多为运劲，搌之成分大多为蓄劲，挤之成分大多为接劲，按之成分大多为发劲，况且又在圈内，如能将此四手练得式式圆满，不生棱角，而且身形和顺，伸舒自如，上下相随，内外相合，周身均能沾黏连随，感觉灵敏，毫无拙力，则无须采用其他手法，亦能得机得势，足以应敌。然而为顾全万一越出圈外，加以补救计，那么运用四隅手是最好的方法，它能使越出圈外之身手复归于正。此四隅手，就是採、挒、肘、靠四劲。现继续分述于下。

5. 採劲

採，可称为反方向的挤劲，即以手执人之手腕或肘部往下沉採。採对应的人体窍位是性宫、肺俞两穴，属大肠经。採的效用与捋近似，欲使对方重心已向前时，乘势使其前倾。採法是由上向后下斜而採之，也非仅用手採，须用腰腿劲加以意气而採。採如得势，能使人头昏目眩，脑部受到震动，脚根浮起，人往前冲。亦可採后即发，拳式中海底针即用採劲，后接以扇通背，也即採后随发之意。因此用採劲时不可过轻，过轻易被人借劲，不採便罢，採则採足，方能达到预期的目的。採亦不能同时採两边，採两边更易被人借力。採时必须头悬身正，沉腰坐腿，含胸拔背，沉肩垂肘，气沉丹田，眼神下视。拳式中有抱虎归山之转身採、野马分鬃之斜採、倒撵猴之分採等。

6. 挒劲

挒，有挡开和转移之意。挒对应的人体窍位是丹田穴，属脾经。挒劲有狭义、广义之分。狭义的挒，是指两手转移对方的动向，向斜前方或后侧方，用与合的惯性原理，使劲由顺变横，形成一左一右、一上一下、一前一后的旋转力，使己顺人背以击发人的方法。其中亦有反关节之意。挒时要快，要干脆，要使人猝不及防。挒法有右挒、左挒、正挒、反挒等。拳式的野马分鬃，是典型的挒法。广义的挒，是指击劲，此与发放之劲不同，在求击中而不求击倒，用时须有开合、对衬之能。拳式中用此类挒劲的很多，如撇身捶之翻挒、栽捶之下挒、玉女穿梭之掀挒、上步七星之合挒等。

7. 肘劲

肘，是前臂内屈用肘尖或肘之四周向外击发的劲。肘对应的人体窍位是肩井穴，属胃经。肘为击人之二道防线。肘较手为短，而较手为猛，在与对方距离过近，用手不得势时，则用肘为宜，可直攻人之要害处，厉害非常。发时须与膝相合，身正顶悬，沉肩垂肘，眼神注视对方，用腰腿向外击出。肘有宽、窄之分，宽指肘之四周，窄指肘尖，宽面伤人较轻，窄面伤人较重，幸勿轻试之。击法以顶、挑、拐、压为主，有拦腰肘、穿心肘、下採肘等，穿心肘为毒手。拳式中如肘底捶、翻身撇身捶、高探马、左右打虎等均含肘法在内。需要注意的是，此劲虽猛，用不得法，亦易为人所借力。

8. 靠劲

靠，是肩、背等部位在任何角度下向对方所发出的劲，一般以肩为主。靠对应的人体窍位是玉枕穴，属胆经。靠多用于比肘离人更近的时候，其势又比肘更猛。如善用靠，则身矮力小之人，可胜身高力大之人。靠为击人之第三道防线。靠多用于己肘被闭而不能发劲之时。用靠，必须顶悬身正，肩与胯合，用腰腿劲加上意气靠击之。用靠劲，先要化得合法，靠时要快，劲要整，目标要明确。靠之种类较多，在上为肩靠，在下为膝靠，迎面为腹靠，转身则为背折靠，皆以腰胯为发动之轴心。如以肩靠人，须顺步插入其裆内，斜而向下靠，不可平行而出，否则难奏效。另外，还要注意防护己之面部及臂部，必须以另一手置于用靠之手臂肘弯处，则上可护面，下可防撅用靠之手臂，比较安全。拳式中有提手上势转白鹤亮翅时左转上步斜靠、斜飞势之七寸靠、云手之横靠等。

总之，太极拳是以掤、捋、挤、按四正手为经，采、挒、肘、靠四隅手为权，经权互用，方圆相生，为太极拳严密的规范与结构。一般必先经过方圆参半的阶段，待到功夫稍进，则四正手常显露，而四隅手愈隐微。可以不常用隅手，而不可以不善用隅手。如能将隅手隐而不显，遇有空隙瑕疵，立刻出现，奇正变化，方为上乘功夫，也符合太极阴阳两仪的理论。

下面接着述"五步"。

步为全身之根，迈步的关键在于腰胯，屈伸则在于膝。《太极拳经歌诀诠解》指出："有不得机得势处，其病必于腰腿间求之。"而腰腿之间，就是胯，胯不顺，则步不正。因此，步法的正确顺畅与否，直接影响到全身动作的圆活与畅达。一切动作的运化，均以手为先，手之根在身，身根则在步，所以进、退、左、右、中的五种变化，非由步动不可。步能随身顺逆圆活地转动，才能达轻灵变化之妙。

需要特别强调的是，前进、后退、左顾、右盼、中定是五种步法，五个方向，而不是五种步型或步式。进、退、左、右、中五种步法内均含有好几种步型，而且步型的名称，各家也不统一，主要为新、旧名称的不同。还须指出的是，"五步"是一个整体，在运行、运用上多具有交叉与综合性，不是单一说明就能明白的。可以这样说，凡是前进、后退之步，无不藏有顾、盼之势，而左顾、右盼之步内，也无不含有进、退之能。中定，则既稳如泰山，又可以随时变换成前、进、顾、盼之法。总而言之，太极拳的"五步"，以中定为主，中定是太极拳运作和技击的核心和根本，而以左、右步合沾、黏，进、退步合连、随，并以轻灵为体，沉着为用。下面分别作简要的论述。

1. 前进

此步法之中，含有弓箭步、逼步、连枝步。在人体的对应窍位是会阴穴，属肾经。如欲前进，意想会阴，眼神向前上看，有助于顺畅前进。弓箭步为今名，即后脚尖外移约45°，踏实，腿略伸直，前脚向正前方迈出一步，脚尖朝正前方，全脚掌着地踏实，膝前弓至小腿垂直为度，身体正向前腿的正前方，如搂膝拗步等拳式。旧名"壂步"（音"diàn"，支也），较形象、准确，因它也点明了运作之法，旧称这是太极拳的独特步法。它的运行要靠后腿的支撑，是以脚铲地而出，腿膝曲蓄，脚尖略扬，前进之腿提起的高低度要合适，要既轻灵又沉着，虚迈实放，即运作轻灵，落地后沉着。初练者如真能循规蹈矩，会感到运动量很大。太极拳前进之步，均源于此步。逼步，乃是旧名，现不见有此名称。此步乃前进后随进之步。腿必须有前掤之劲，进而逼之。如中架子之如封似闭便是，现之练大架子者，大都已舍去不用。连枝步，今已无此名称与练法，老架子中有。方法是两腿均略下蹲，前脚才出，后脚即紧跟而上，前脚向前，后脚外撇，两脚呈45°。前脚为实，后脚为虚，脚尖点地，如高探马穿掌。

2. 后退

此步法中，只有一个半马步。在人体的对应窍位是祖窍穴（即印堂穴），属心经。如欲后退，意想印堂，眼神向前下方看，便会顺畅后退。半马步为两脚并立，右脚退后一步，脚尖外移45°。踏实，屈膝下蹲，前脚尖朝前，身体半斜向前腿方向，如倒撵猴拳式。半马步，旧名后壂步。因太极拳有进生退死的说法，因而拳式中向后退步，只有倒撵猴一式，乃是以脚尖点地，脚跟后落实。其余与壂步同，不过方向相反而已。

3. 左顾

此步法中，含有碾步、撇步、敛步、斜步。人体的对应窍位是夹脊穴，属肝经。如欲侧转前进（向左向右均一样），意想夹脊穴往实脚涌泉穴上落，身体便会自如地侧转前进。碾步，是旧名，现已很少有此提法。凡拳势左右转换时，均以脚跟为轴，脚掌贴地随身而向左右移动，产生如碾之摩擦力，使不致发生前倾后仰与虚浮之病，因名曰碾步，如揽雀尾、野马分鬃式。搂膝拗步与倒撵猴之前进、后退，在左右转换时亦须用此顾、盼之步法，老架子之搂膝拗步更为明显。以上壂、碾两种步法，为太极拳的基本步法，在运、接、蓄、发四劲之圆圈内，均离不开这两种步法。撇步、敛步、斜步，均旧名。撇步是由里往外开之步，腿须含有圆圈和开的掤劲，如抱虎归山式。敛步与之相反，为由外往里合之步，腿须含有圆圈和合的捋劲，如十字手。斜步，乃是左右斜挪之步，腿须有上下相随之劲，如斜单鞭式。

4. 右盼

此步法与左顾基本相同，除去碾步、撤步、敛步、斜步外，尚有一翻身步。人体的对应窍位是膻中穴，属肺经。如欲侧转后退（向左向右都一样），意想膻中穴并向内微收，眼神顺着食指往下看，便能自然侧转后退。翻身步，亦旧名，乃是回身以脊背领起向后转移之步，如翻身撇身捶式、白蛇吐信式。

5. 中定

这是太极拳中最重要、最难练的步法。人体的对应窍位是丹田穴，属脾经。如欲身体稳定，只要意想丹田穴，或是命门和肚脐，立时就会非常稳固。《杨式太极拳老谱·太极圈》云："退圈容易进圈难，不离腰顶后与前。所难中土不离位，退易进难仔细研。此为动功非站定，倚身进退并比肩。能如水磨催急缓，云龙风虎象周旋。要用天盘从此觅，久而久之出天然。"这段口诀主要是论述太极圈的，但也涉及"中定"，并对它有精到的说明。一是指做到"中定"很难，二是说明在进退、左右的圆圈形"动功"中，也离不开"中定"，并指出"腰"与"顶"的重要性。因此，"中定"有狭义、广义之分。狭义的"中定"，是指在习练拳架、定步推手和技击中的一种相对静态的"中定"，它必须重心稳固，才能前、后、左、右顺畅松活，攻化由心。广义的"中定"，则是指习练和技击中所有一切动作的运行转换都必须以"中定"贯串其中，练拳定势时更如此，并且要做到"圆之出入，方之进退"，才能轻灵沉稳，克敌制胜。属于前者的，有冲步、坐马步、钓马步、仙人步等。冲步，即今之独立步，因提起一腿有上冲之势，故旧名冲步。如金鸡独立式。坐马步，今无此称，因如坐马形之双沉步而得名，要圆裆合住劲，如单鞭拳式。钓马步，今称马步，因此式是左右倒换虚实的坐马步，似以旧名为妥贴，如云手拳式。仙人步，旧名，今称丁虚步或虚步。要上拔、内收、下沉，裆须圆，并有内合之劲，如白鹤亮翅式。总而言之，要真正做到太极拳之"中定"，必须顶悬身正，腰松活，足沉稳，怀有平准之仪，两手如轮之旋转，不丢不匾，不顶不抗，沾、黏、连、随，缓急互应，方圆相生，周身一家，内外相合，前后左右，无不运行如意，需要久久揣摩研究，方能领悟其中奥妙。

六、运劲如抽丝

《太极拳经歌诀·六》指出"运若抽丝处处明"，《十三势行功心解》也有"运劲如抽丝"之说，可见抽丝劲在太极拳中的重要性。抽丝劲，又名缠丝劲、螺旋劲，陈式至今一直沿用缠丝劲之名，杨家早先亦用缠丝劲之名，后一般均称抽丝劲。那么，何谓抽丝劲呢？它有没有具体的运劲路线呢？有的。抽丝的意思，并不仅指缓缓直拉而出，乃是指太极拳的一切动作的运劲，都要旋转出入，如同来复线的螺丝形状一样；而抽丝不外顺抽、逆抽（一名正抽、反抽）两项，出为顺抽，入为逆抽，顺如阳转，逆若阴旋；顺抽，是由脚跟至手指之抽；逆抽，是由手指回归脚跟之抽。其路线则是交叉而出，交叉而入，即左脚右手，右脚左手。顺抽又称为"开"，逆抽又称为"合"。太极拳没有一项运劲，没有抽丝劲，非一顺一逆，即双顺或双逆，也没有一项运劲，可以离开开合二劲。太极拳架子内劲的运用，虽然不出顺、逆两种抽丝，但是由于其中姿势与方向的关系，则有种种的不同，分类以区别，尚有十种，统称为"十二抽丝"，就是顺抽、逆抽、左抽、右抽、大抽、小抽、进抽、退抽、里抽、外抽、上抽、下抽。

可以说，太极拳的所有运劲，没有一项不在此十二抽丝之中。如果太极拳没有了抽丝劲，那么，其外形虽走圆形运动，而内中之劲仍为直来直去，也就不可能产生以轻制重的功用。因而抽丝劲是太极拳最基本的动作和运劲路线。需要指出的是，太极拳式中没有一个拳式运用的是十二抽丝中的某一项抽丝，而大多表现为几项抽丝的联合运用。先从八法、五步说起。八法是由掤转以变捋，是逆抽丝；由捋旋转以变掤，是顺抽丝。挤为联合之掤劲，是双顺抽丝。按亦为双顺抽丝。採为反方向之挤，亦与捋近似，为双逆抽丝。挒则比较复杂，狭义的挒，如野马分鬃，为顺逆抽丝；广义的挒，则视具体情况而定，大致用拳、掌、手者，为顺抽丝，用脚者为逆抽丝。肘、靠为顺抽丝。五步是前进、后退为进、退、顺、逆抽丝；左顾、右盼为左、右、顺、逆抽丝；中定颇为特殊，狭义的中定状态，无抽丝劲可言，而一旦与对手周旋，则可随时运用顺、逆抽丝和不同姿势与方向的左、右、大、小、进、退、里、外、上、下的其他十种抽丝劲。

再从拳式举例说明之：

左右揽雀尾是左、大、顺抽丝与右、小、逆抽丝；右、大、顺抽丝与左、小、逆抽丝。

左右野马分鬃，是左、外、顺抽丝与右、里、逆抽丝；右、外、顺抽丝与左、里、逆抽丝。

左右搂膝拗步，是左、上、进、顺抽丝与右、下、退、逆抽丝；右、上、进、顺抽丝与左、下、退、逆抽丝。

左右云手，是左、右顺抽丝。

左右倒撵猴，是进、退、里、外、上、下顺逆抽丝。

转身蹬脚，是双逆抽丝。

如果能将十二抽丝劲运用纯熟，还可以去掉太极拳习练中易犯的缺点、毛病，如低头、曲项、腆胸、驼背、鼓腰、撅臀、露肩、扬肘、折胯、撤裆、直膝、歪足等现象。因为在运劲时，若发生上举诸病中之一种，那么，脚跟与手指之间的抽丝劲，不但不能圆活顺遂地运行，而且在运行中间非断不可，还将会出现拳论上批评的"缺陷""凸凹""断续"现象，也就谈不到有掤劲、无棱角、一动无有不动、节节贯串、以轻制重的功用了。

七、指掌捶手腿足，均有弹性与力度

太极拳以阴阳学说为核心，讲求阴阳的相分相合，互动互补，最终达到阴阳无偏，和谐融合。它在技击上的"发劲"与"用着"，也是阴阳相济而又互补的。发劲，一般只是将人发出或发倒，并不伤害对方，所谓仆而不伤，为阴；用着，可能伤及对方，而并不将人放出很远，或是使对方倒地，所谓伤而不仆，为阳。发劲属于"四正"（掤、捋、挤、按），用着归于"四隅"（採、挒、肘、靠）。然而，"劲""着"也与阴阳一样，是互相依存、互动互补，有时也是融为一体，分不出彼此的。劲是着的根本与依托，无劲何能用着；而着又是劲的外化与表现，是劲的补充与运用，无着不能济劲之穷。也就是说，"四隅"手是为补救"四正"手，以行沾黏连随之功的。一般说，发劲时不接触对方的胸腹部，只是搭住腕肘部，即将人发放，向后弹跳而出，或是使之向己之身侧前跌，所以只是使对方受到震动而不会受伤；而用着时，除採之外都容易使人受到一些伤痛，所以推手一般不用隅手。而有时则是劲、着不分，融为一体，且须贴进人之胸腹部。如捲劲，必须先以五指按人之胸部，接着以指捲成拳，用钻劲发之，用得快脆，使人不觉，即成冷劲，甚是凶猛厉害，极易伤人，万勿轻试之！听颖嘉二师兄说，有一次健侯太师祖发冷劲，让老师在床上躺了三个多月，老先生含着眼泪亲自喂药说："绍先（老师的字），这是没办法的，劲是说不出的，你不尝到滋味是没法领悟的！"

指、掌、捶、手、腿、足，乃是补助四隅之用，都必须进行专门锻炼，以加强其弹性、力度和硬度，才能成为具有全副武装实力的太极拳，才能克敌制胜，重创强敌于俄顷。因为太极内功到家，以之应付一般对手，自然绰绰有余，但如遇身强力壮、皮厚骨坚之人，尤其有横练功夫和闭口气功之强敌，若指掌捶手腿足未经专练，仍难奏效。因此，从技击着眼，此项专门锻炼势在必行；若只求养生，当然无需关注。

八、发劲训练与手法运用

关于发劲，须注意以下几个方面：其一，在盘架子时练，这是最基本的。

盘架子至二三年后，即应心存假想之敌，所谓"无人若有人"，尤其在定势时要学会发劲，意到气到劲到。陈式太极拳发劲比较明显，杨式太极拳大架、中架的发劲已趋向隐于内，但有志练太极真功者，在定势时仍要注意发劲。杨式老架（亦称"小花架"）的发劲虽较陈式为柔，但仍较明显，其中有不少动作是发二回劲的。至于杨式太极长拳（亦称"小架""快架"）的发劲，不但刚柔相济，迅疾异常，而且带吐气发声。其二，杨家秘传"太极八段锦"，则是专门练气、练劲的，一共八段，对于全身的九节即掌、拳、肘、腕、肩、腰、胯、膝、脚，都有专门的锻炼方法。其三，可将太极拳37个不同的拳式，逐一单个地练习。必须注意的是，练架子时，年轻力壮者可尽量练得低一些，步子大一些，以锻炼基本功，而单练时，步子应小一些，动作应快一些，因为与人交手时，步子不可能大，动作不能慢，要做到"动急则急应，动缓则缓随"。其四，太极拳中有八种劲别，亦须经常单练，功夫才能上身。这八种劲是退步跨虎为开劲，提手上势为合劲，白鹤亮翅为提劲，海底针为降劲；搂膝拗步为前进劲，倒撵猴为后退劲；抱虎归山为右转劲，肘底捶为左转劲。其五非常重要，是一些太极宗师、大师们有不少关于打手（即推手）、散手发劲的要诀，必须认真学习，仔细领悟。

澄甫师祖曾说禄禅祖师讲过"你要给你""咋打咋有""要哪有哪"的话。田师常说，健侯太师祖经常对自己说："打手时打人，要打得对方两脚噔噔作响而弹跳出去，脚跟觉得疼，身上被打处不觉得疼，反而有松快之感才对！"少侯师祖发劲有"五字诀"："薄、顺、短、脆、远"。发劲时，劲在本体必须要透皮而出，此为"薄"；发劲，气先劲后，要周身一家，上下九节，无丝毫阻滞，此为"顺"；发劲的动作短小，此为"短"；发劲松快，干净利落，直指敌身，无所纠缠，此为"脆"。发劲时意念要远，此为"远"。澄甫师祖认为手臂要如棉裹铁，化劲要松净，放劲要干脆，将欲发人，步须偷进。发劲如摔杯，要摔就摔，要去就去。一有犹豫，不能发出人。并说："向上打，意欲将人击入地中；向远打，意欲将人拍透墙壁。"打人要用哼、哈、咳三音，哼音上打，哈音下打，咳音远打。

陈炎林所记录的《太极拳刀剑杆散手合编》，1943年6月由上海国光书局出版，1949年1月再版，此书内容实全为田师所授而为陈所记录的，其中《论劲》一节将沾黏劲、听劲、懂劲、走劲、化劲、引劲、拿劲、发劲、借劲、开劲、合劲、提劲、沉劲等25种劲别，技法分析得精微深入，大有益于推手与技击。并指出，此外尚有拨劲、搓劲、撅劲、卷劲、寸劲、分劲、抖擞劲、折叠劲及擦皮虚临劲等。太极拳之习练与爱好者，可读此书，这里不赘述。

另外，田师亦常对弟子说劲，今援引数则，以飨读者。

注意推手时，手不过膝，过即不拿；沾在何处，即在何处沉劲；见劲速出，气沉丹田；用劲如抛物；掤、捋、挤、按，每手中有五个劲，所谓借、化、入、截、沉也；发劲沉且长而震动全身者，其劲刚柔俱备，所谓阴阳相济者也；随曲就伸，人屈，则随其屈而放之，人伸，则随其伸而放之；放人时，臂要直，不宜屈。劲在两臂如九曲珠，旋转自如，放人时，即成一大珠。

上面所引太极名家对于发劲的经典论述，当然对习练太极发劲有极大的指导意义和实践价值，然而，发劲要发得好，必须具备两个前提，一是要有内劲，二是要懂劲。多盘架子，勤练八段锦，经常抖杆子，内劲自会产生，还能不断增长。要懂劲，则还要多推手，除了与老师推，由老师领劲、引劲、喂劲外，与师兄弟推手也非常重要，时长自得沾黏连随之功。如无对手（旧称"相手"），或不常在一起，应经常想像以两臂摸劲，设想对手如何进攻，我用何法解化而反制之，年深日久，亦能懂劲。懂劲后才能愈练愈精，逐渐达到从心所欲、无不如意的地步。还需说明的是，内劲与懂劲，固然有一定标准，但这又都是相对而言的，也是没有止境的，所谓"技高一筹，无如之何"，说的就是此理，练功者能不终身勤勉吗？

说到手法，先要明确两点，一是"着"与"劲"的关系，上面刚谈过，这里不重复。二是散手亦须黏随，练太极拳如不能沾黏住人，则不要与人动手。至于练手法的步骤，则首先要把架子中每式的用法烂熟于胸。一般手法，以平均每式3种手法计，37个不同拳式，便有111种手法，也颇不算少。如果再加上另一种架子，又可再多几十种手法。接着再练散手的对打套路。陈炎林著《太极拳刀剑杆散手合编》中载有"散手对打"88式，乃太师祖杨健侯老先生亲授，田师所传。"散手对打"名称、次序如下（单数为上手，双数为下手）。

（1）上步捶（2）提手上势（3）上步拦捶（4）搬捶（5）上步左靠（6）右打虎（7）打左肘（8）右推（9）左撇身捶（10）右靠（11）撤步左打虎（12）右撇身捶（13）提手上势（14）转身按（15）折叠撇身捶（16）搬捶（开势）（17）横挒手（18）左换步野马分鬃（19）右打虎（下势）（20）转身撤步捋（21）上步左靠（22）转身按（23）双分蹬脚（24）指裆捶（25）上步採挒（26）换步右穿梭（27）左掤右撇捶（28）白鹤亮翅蹬脚（29）左靠（30）撤步撅臂（31）转身按（捋势）（32）双风灌耳（33）双按（34）下势搬捶（35）单推（右臂）（36）右搓臂（37）顺势按（38）化打右掌（39）化推（40）化打右肘（41）採挒（42）换步撅（43）右打虎（44）转身撤步捋（45）上步左靠（46）回挤（47）双分靠（换步）（48）转身左靠（换步）

（49）打右肘（50）转身金鸡独立（51）退步化（52）蹬脚（53）转身上步靠（54）撅左臂（55）转身（换步）右分脚（56）双分右搂膝（57）转身（换步）左分脚（58）双分左搂膝（59）换手右靠（60）回右靠（61）上步左揽雀尾（62）右云手（63）上步右揽雀尾（64）左云手（65）右开（掤势）（66）侧身撇身捶（67）上步高探马（下蹬脚）（68）白鹤亮翅（上闪下套腿）（69）转身摆莲（70）左斜飞势（71）刁手蛇身下势（72）右斜飞势（73）左打虎（74）转身撇身捶（75）倒撵猴（一）（76）左闪（上步）（77）倒撵猴（二）（78）右闪（79）倒撵猴（三）扑面（80）上步七星（81）海底针（82）扇通背（83）手挥琵琶（84）弯弓射虎（85）转身单鞭（86）肘底捶（87）十字手（88）抱虎归山。

　　2008年《精武》第3、4两期载有田颖嘉二师兄高足姚国钦同志所撰之《杨健侯亲传88式太极散手》，穿黑衣者甲为二师兄长子田秉渊，穿白衣者乙为姚国钦，其中与陈炎林所记录的偶有不同之处，二者皆可以模仿演练。王宗岳《太极拳论》有"由着熟而渐悟懂劲，由懂劲而阶及神明"之说，练拳至一定火候，每个拳式用法已极为熟练，再通过推手，对听劲有所体会。接着就研究如何出手自然松快，如何内劲化发，而太极散手对打正是"由着熟而渐悟懂劲，由懂劲而阶及神明"的必修功课和必由之路。它所习练与研究的就是怎样沾黏连随，舍己从人，怎样上下一致，避实就虚，怎样内劲化发，引进落空。其间连接之处，绵绵不断，天衣无缝，实在是散手对打中的逸品，非等闲可比。另外，老武术家沙国政先生于1980年整理出版了《太极拳对练》小册子，自称在陈炎林所著"散手对打"的基础上，"综合了陈、杨、孙、吴等各式太极拳的特点，充实了技术内容，整理成了这套太极对练"，亦可资参考。

　　往后一步，则是不讲套路、着法，随机而击发的散手，全视对手的招术、劲路而定，转换快捷，富于变化，使人有莫测之感。试举一例以说明之，如人以右拳击己之胸部，己可稍左侧身，以左手勾化彼之右拳，即以己右拳回击其胸部，若彼后撤，己则稍上步，以右勾手上击其下颏，若彼再后化，己则以勾手之食、中二指之中节点击其喉结，若彼再后往后闪化，己可顺手下沉以右肩靠之……再下苦功修炼，最后才能达到炉火纯青、阶及神明的地步，也就是"撒去满身皆是手"了！这时，全身气、劲充盈，步法圆活轻灵，见招破招，见式打式，直来横击，横来直发，化中有打，打中有化，即化即打，即打即化，不但做到节节贯穿，周身均能发人，而且幅度极小，力量极大，已臻至无圈之境，须臾之间，即可制胜于人。然而这并不是每个练太极功者都能达到的，它必一有明师传授，二下苦功锻炼，三具天资悟性，四有相手切磋，四者缺一不可。这就难乎其难，我辈只能心向往之，百倍努力练功，终身不懈了！

  以上所论太极拳的功法要领，第一点松圆正沉轻是圭臬，第二点精气神是修养，第三点腰脚是要法，第四点周身一家、内外合一是造诣，第五点八法五步是结构，第六点抽丝劲是路线，第七点指掌捶手腿脚是训练，第八点发劲与手法是运用。就强身与技击来说，自然是强身为体，技击为用。但是太极拳的功法中却也有体有用，体用结合，那就是圭臬、修养、要法、造诣为体，结构、路线、训练、运用为用。而其中圭臬、修养为体之体要法、造诣为体之用，结构、路线为用之体，训练、运用为用之用。由于太极拳的功法是为其阐述理论服务的，而且又将功法的八个方面有机地结合起来，从而使其功法体用兼备，强身与技击紧密相连，融合无间，相得益彰，以达到相当完美的地步。

——拙著《杨式太极真功》

后 记

在本书即将完稿之际，2020年12月17日传来特大喜讯，即中国单独申报的"太极拳"，经联合国教科文组织保护非物质文化遗产政府间委员会评审通过，被列入联合国教科文组织人类非物质文化遗产代表作名录。这一举措对于太极拳的进一步普及与有关组织人员进行深入的研究继承，有着极为重要的意义与作用。

本书与拙著《杨式太极拳真功》可称为姊妹篇，后者除了论说太极拳的理论、功法及其历史源流与师承关系外，主要是首次公布了全套杨家秘传八段锦和太极拳老架（又名"小花架"）。本书则是对从太极推手到散打的理论以及各个阶段与环节的具体操作及演练，进行了系统的论述，使得操练者可以依次循序渐进，得到正规的训练。最后一章还汇录了前辈大家对于太极推手与散手的经典论述，极具理论指导价值，可供研习者进修之用，其中有的甚至有立竿见影的功效，值得广大太极拳爱好者认真学习、仔细揣摩，不断提高拳艺。

还有三事，必须提及予以说明。

一是拙著《杨式太极拳真功》自2010年10月经人民体育出版社出版后，蒙读者抬爱、出版社关怀，是书又于2011年4月、2012年4月和2017年4月连续三次重印；台湾大展出版社有限公司也于2011年11月出版该书。此外，有关事宜尚有数端，一并记述如下：2014年夏，成立合肥市杨式太极拳协会，余为名誉会长，彭涛任会长，杭雪兵任常务副会长兼秘书长；2016年5月10日，与合肥富光世清太极拳馆等单位联合举办首届合肥国际武术文化交流大会，全省设15个分会场；2016年、2017年、2018年连续举办三届杨式太极老架传承训练班；2019年冬，正式收汪永林、朱竹、杨晓龙、柯文杰、闻罡、彭涛、刘廷亮、史向阳、阮怀军9人（以年龄为序）为入室弟子，传授杨家秘传八段锦、杨式太极中架（又名"花架"）、老架与推手技艺。

二是本书所述，有部分与陈炎林先生当年所记大同小异，均为老师亲授。陈氏所记录的《太极拳刀剑杆散手合编》，1943年6月由上海国光书局出版，1949年1月再版，后来还在海外发行了外文版。此书内容全为田师所授，为陈所记录的。但陈炎林在书中只字未提田师。其中有"太极拳中气之呼吸及运气法"一节实为杨家秘传八段锦第一、二、三段中之小部分内容，但还有太极剑与刀之练法、用法等，所述内容亦皆简明准确，便于学练。

三是另有一事郁结于胸14载，未曾见诸笔端，今略加说明，祈望得以正本清源。某公为汪永泉师叔之再传高徒，年长于余，名气不小，功夫亦甚佳。只是他在2006年与2015年两次出版之大作中，将上述陈炎林于20世纪出版的《太极拳刀剑杆散手合编》中所记田师之"论劲"长文全部录入，却未作任何说明，似乎是其本人创作。窃以为有所不妥。其实某公之大作，自有亮点与价值，无须藉尊长之说以锦上添花，反致徒损自身令誉，于心当亦有所不安。余沉默十数载，今次直率进言，尚望某公有以思之，还原归真。

最后，笔者吐露心扉：杨家之艺，空前绝后；田师之恩，天高地厚；崇寿永、王成杰、田颖嘉、金达中、董柏承等师兄传授、点拨、指教之德永志不忘！再者，弟子向阳于公务之余，打印书稿，联系有关事宜，颇为辛劳，亦附此致谢。

孙以昭

2021年1月5日于安徽大学三合斋